DÉCRETS

PROCLAMATIONS

ET

ORDONNANCES

Paris. — De l'imprimerie de Schneider, 1, rue d'Erfurth.

DOCUMENTS HISTORIQUES.

DÉCRETS

PROCLAMATIONS

ET

ORDONNANCES

Depuis le 2 décembre 1851 jusqu'à ce jour,

SUIVIS DE LA

NOUVELLE CONSTITUTION

Et du Décret organique sur

LA LOI ÉLECTORALE

PARIS

D. GIRAUD ET J. DAGNEAU, LIBRAIRES-ÉDITEURS

7, RUE VIVIENNE, AU PREMIER, 7

Maison du Coq d'or.

—

1852

DÉCRETS

PROCLAMATIONS

ET

ORDONNANCES.

PROCLAMATION DU PRÉSIDENT DE LA RÉPUBLIQUE.

APPEL AU PEUPLE.

Français !

La situation actuelle ne peut durer plus longtemps. Chaque jour qui s'écoule aggrave les dangers du pays. L'Assemblée, qui devait être le plus ferme appui de l'ordre, est devenue un foyer de complots. Le patriotisme de trois cents de ses membres n'a pu arrêter ses fatales tendances. Au lieu de faire des lois dans l'intérêt général, elle forge des armes pour la guerre civile ; elle attente au pouvoir que je tiens directement du Peuple ; elle encourage toutes les mauvaises passions ; elle compromet le repos de la France : je l'ai dissoute, et je rends le Peuple entier juge entre elle et moi.

La Constitution, vous le savez, avait été faite dans le but d'affaiblir d'avance le pouvoir que vous alliez me confier. Six millions de suffrages furent une éclatante protes-

AU NOM DU PEUPLE FRANÇAIS,

Le Président de la République décrète :

Art. 1ᵉʳ. L'Assemblée nationale est dissoute.

Art. 2. Le suffrage universel est rétabli. La loi du 31 mai est abrogée.

Art. 3. Le Peuple français est convoqué dans ses comices à partir du 14 décembre jusqu'au 21 décembre suivant.

Art. 4. L'état de siége est décrété dans l'étendue de la 1ʳᵉ division militaire.

Art. 5. Le conseil d'Etat est dissous.

Art. 6. Le ministre de l'intérieur est chargé de l'exécution du présent décret.

Fait au palais de l'Elysée, le 2 décembre 1851.

LOUIS-NAPOLÉON BONAPARTE.

Le ministre de l'intérieur,

DE MORNY.

PROCLAMATION DU PRÉSIDENT DE LA RÉPUBLIQUE

A L'ARMÉE.

Soldats !

Soyez fiers de votre mission, vous sauverez la patrie, car je compte sur vous, non pour violer les lois, mais pour faire respecter la première loi du pays, la souveraineté nationale, dont je suis le légitime représentant.

Depuis longtemps vous souffriez comme moi des obstacles qui s'opposaient et au bien que je voulais vous faire et aux démonstrations de votre sympathie en ma faveur. Ces obstacles sont brisés. L'Assemblée a essayé d'attenter à l'autorité que je tiens de la nation entière ; elle a cessé d'exister.

Je fais un loyal appel au Peuple et à l'armée, et je lui dis : Ou donnez-moi les moyens d'assurer votre prospérité, ou choisissez un autre à ma place.

En 1850 comme en 1848, on vous a traités en vaincus. Après avoir flétri votre désintéressement héroïque, on a dédaigné de consulter vos sympathies et vos vœux, et cependant vous êtes l'élite de la nation. Aujourd'hui, en ce moment solennel, je veux que l'armée fasse entendre sa voix.

Votez donc librement comme citoyens ; mais, comme soldats, n'oubliez pas que l'obéissance passive aux ordres du chef du gouvernement est le devoir rigoureux de l'armée, depuis le général jusqu'au soldat. C'est à moi, responsable de mes actions devant le Peuple et devant la postérité, de prendre les mesures qui me semblent indispensables pour le bien public.

Quant à vous, restez inébranlables dans les règles de la discipline et de l'honneur. Aidez, par votre attitude imposante, le pays à manifester sa volonté dans le calme et la réflexion. Soyez prêts à réprimer toute tentative contre le libre exercice de la souveraineté du Peuple.

Soldats, je ne vous parle pas des souvenirs que mon nom rappelle. Ils sont gravés dans vos cœurs. Nous sommes unis par des liens indissolubles. Votre histoire est la mienne. Il y a entre nous dans le passé communauté de gloire et de malheur. Il y aura dans l'avenir communauté de sentiments et de résolutions pour le repos et la grandeur de la France.

Fait au palais de l'Elysée, le 2 décembre 1851.

Signé : Louis-Napoléon Bonaparte.

———

1.

LE PRÉFET DE POLICE

AUX HABITANTS DE PARIS.

Habitants de Paris,

Le Président de la République, par une courageuse initiative, vient de déjouer les machinations des partis et de mettre un terme aux angoisses du pays.

C'est au nom du Peuple, dans son intérêt et pour le maintien de la République, que l'événement s'est accompli.

C'est au jugement du Peuple que Louis-Napoléon Bonaparte soumet sa conduite.

La grandeur de l'acte vous fait assez comprendre avec quel calme imposant et solennel doit se manifester le libre exercice de la souveraineté populaire.

Aujourd'hui donc, comme hier, que l'ordre soit notre drapeau; que tous les bons citoyens, animés comme moi de l'amour de la Patrie, me prêtent leur concours avec une inébranlable résolution.

Habitants de Paris,

Ayez confiance dans celui que six millions de suffrages ont élevé à la première magistrature du pays. Lorsqu'il appelle le Peuple entier à exprimer sa volonté, des factieux seuls pourraient vouloir y mettre obstacle.

Toute tentative de désordre sera donc promptement et inflexiblement réprimée.

Paris, le 2 décembre 1851.

Le préfet de police,
DE MAUPAS.

COMPOSITION DU MINISTÈRE [1].

MM. DE MORNY, intérieur.
    FOULD, finances.
    ROUHER, justice.
    MAGNE, travaux publics.
    LACROSSE, marine.
    CASABIANCA, commerce.
    SAINT-ARNAUD, guerre.
    FORTOUL, instruction publique.
    TURGOT, affaires étrangères.

Pour le préfet de police,

Le secrétaire général,

SILVAIN BLOT.

(Cette affiche, sans date, est du 2 décembre, à midi. — NOTE DES ÉDITEURS.)

AU NOM DU PEUPLE FRANÇAIS.

Le Président de la République,
Voulant, jusqu'à la réorganisation du corps législatif et du conseil d'Etat, s'entourer d'hommes qui jouissent à juste titre de l'estime et de la confiance du pays, a formé une Commission consultative de

MM. Abbatucci (du Loiret);
    D'Argout, gouverneur de la Banque;
    Le général Achard (Moselle);
    Le général de Bar (Seine);
    Le général Baraguey-d'Illiliers (Doubs);
    Barbaroux (la Réunion);
    Baroche (Charente-Inférieure):

Barthe, premier président de la cour des comptes ;
Ferdinand Barrot (Seine) ;
De Beaumont (Somme) ;
Benoit Champy (Côte-d'Or) ;
Berard (Lot-et-Garonne) ;
Bineau (Maine-et-Loire) ;
Boinvilliers (Seine) ;
J. Boulay (de la Meurthe) ;
De Cambacérès (Aisne) ;
De Casabianca (Corse) ;
L'amiral Cécile ;
Chadenet (Meuse) ;
Chassaigne-Goyon (Meuse) ;
Prosper de Chasseloup-Laubat ;
Charlemagne (Indre) ;
Collas (Gironde) ;
Dariste (Basses-Pyrénées) ;
Denjoy (Gironde) ;
Desjobert (Seine-Inférieure) ;
Drouyn-de-l'Huys (Seine-et-Marne) ;
Théodore Ducos (Seine) ;
Dumas, de l'Institut ;
Maurice Duval ;
Le maréchal Exelmans, grand chancelier de la
    Légion d'honneur ;
Le général d'Hautpoul (Aude) ;
Léon Faucher (Marne) ;
Le général de Flahaut ;
Achille Fould (Seine) ;
H. Fortoul (Basses-Alpes) ;
Fremy (Yonne) ;
Gaslonde (Manche) ;
De Greslan (la Réunion) ;
F. de Lagrange (Gers) ;
Delagrange (Gironde) ;
Granier (Vaucluse) ;

Augustin Giraud (d'Angers);

Charles Giraud, de l'institut ;

Godelle (Aisne) ;

De Goulard (Hautes-Pyrénées) ;

De Heeckeren (Haut-Rhin) ;

Lacaze (Hautes-Pyrénées) ;

Ladoucette (Moselle) ;

Lacrosse (Finistère) ;

De Lariboissière (Ille-et-Vilaine) ;

Lebeuf (Seine-et-Marne) ;

Lefebvre-Duruflé (Eure);

Lemarois (Manche) ;

Magne (Dordogne) ;

Meynard, président de chambre, à la cour de cassation ;

De Merode (Nord) ;

De Montalembert (Doubs);

De Morny (Puy-de-Dôme) ;

De Mortemart (Seine-Inférieure) ;

De Mouchy (Oise) ;

De Moustier (Doubs) ;

L. Murat (Lot) ;

Le général d'Ornano (Indre-et-Loire);

Pepin-Lehaleur (Seine-et-Marne) ;

J. Perrier, régent de la Banque ;

De Persigny (Nord) :

Le général Randon ;

Rouher (Puy-de-Dôme) ;

Le général de Saint-Arnaud ;

Ségur d'Aguesseau (Hautes-Pyrénées) ;

Seydoux (Nord) ;

Suchet d'Albufera (Eure) ;

De Turgot ;

De Thorigny ;

Troplong, premier président de la cour d'appel;

Vieillard (Manche) ;

Vuillefroy ;
De Wagram.

Le président de la République,
LOUIS-NAPOLÉON BONAPARTE.

Le ministre de l'Intérieur,
DE MORNY.

(Ce décret parut au *Moniteur* le 3, et fut affiché dans la matinée. —
NOTE DES ÉDITEURS.)

RÉPUBLIQUE FRANÇAISE.

AU NOM DU PEUPLE FRANÇAIS.

Le Président de la République décrète :
Sont nommés :
MM. DE MORNY, intérieur ;
  FOULD, finances ;
  ROUHER, justice ;
  MAGNE, travaux publics ;
  SAINT-ARNAUD, guerre ;
  TH. DUCOS, marine ;
  TURGOT, affaires étrangères ;
  LEFEBVRE-DURUFLÉ, agriculture et commerce ;
  FORTOUL, instruction publique et cultes.
Fait à l'Elysée-National, le 3 décembre 1851.

LOUIS-NAPOLÉON BONAPARTE.

AU NOM DU PEUPLE FRANÇAIS.

Le Président de la République,
Considérant que la souveraineté réside dans l'universa-
lité des citoyens, et qu'aucune fraction du Peuple ne peut

s'en attribuer l'exercice, vu les lois et arrêtés qui ont réglé jusqu'à ce jour le mode de l'appel au Peuple, et notamment les décrets du 5 fructidor an III, 24 et 25 frimaire an VIII, l'arrêté du 20 floréal an X, le sénatus-consulte du 28 floréal an XII,

Décrète :

Art. 1er. Le Peuple français est solennellement convoqué dans les comices, le 14 décembre présent mois, pour accepter ou rejeter le plébiscite suivant :

« Le Peuple français veut le maintien de l'autorité de Louis-Napoléon Bonaparte, et lui délègue les pouvoirs nécessaires pour établir une Constitution sur les bases proposées dans sa proclamation du... »

Art. 2. Sont appelés à voter tous les Français âgés de vingt et un ans jouissant de leurs droits civils et politiques.

Ils devront justifier soit de leur inscription sur les listes électorales en vertu de la loi du 15 mars 1849, soit de l'accomplissement, depuis la formation des listes, des conditions exigées par cette loi.

Art. 3. A la réception du présent décret, les maires de chaque commune ouvriront deux registres sur papier libre : l'un d'acceptation, l'autre de non acceptation du plébiscite.

Dans les quarante-huit heures de la réception du présent décret, les juges de paix se transporteront dans les communes de leurs cantons pour surveiller et assurer l'ouverture et l'établissement de ces registres.

En cas de refus, d'abstention ou d'absence de la part des maires, les juges de paix délégueront soit un membre du conseil municipal, soit un notable du pays, pour la réception des votes.

Art. 4. Ces registres demeureront ouverts aux secrétariats de toutes les municipalités de France pendant huit jours, depuis huit heures du matin jusqu'à six heures du soir, et ce à partir du dimanche 14 décembre jusqu'au dimanche soir suivant 21 décembre.

Les citoyens consigneront ou feront consigner, dans le cas où ils ne sauraient pas écrire, leur vote sur l'un de ces registres, avec mention de leurs nom et prénoms.

Art. 5. A l'expiration du délai fixé par l'article précédent, et dans les vingt-quatre heures au plus tard, le nombre des suffrages exprimés sera constaté. Chaque registre sera clos et transmis par le fonctionnaire dépositaire au sous-préfet, qui le fera parvenir immédiatement au préfet du département.

Le dénombrement des votes, la clôture et la transmission des registres tenus par les maires, seront surveillés par les juges de paix.

Art. 6. Une commission composée de trois conseillers généraux désignés par le préfet fera aussitôt le recensement de tous les votes exprimés dans le département.

Le résultat de ce travail sera transmis par la voie la plus rapide au ministre de l'intérieur.

Art. 7. Le recensement général des votes exprimés par le Peuple français aura lieu à Paris, au sein d'une commission qui sera instituée par un décret ultérieur.

Le résultat sera promulgué par le pouvoir exécutif.

Art. 8. Les frais faits et avancés par l'administration centrale et communale, et les frais de déplacement des juges de paix pour l'établissement des registres, seront acquittés, sur la présentation des quittances ou sur la déclaration des fonctionnaires, par les receveurs de l'enregistrement ou les percepteurs des contributions directes.

Art. 9. Le ministre de l'intérieur est chargé d'activer et de régulariser la formation, l'ouverture, la tenue, la clôture et l'envoi des registres.

Fait au palais de l'Elysée, le 2 décembre 1851.

LOUIS-NAPOLÉON BONAPARTE.

Le ministre de l'intérieur,

DE MORNY.

AU NOM DU PEUPLE FRANÇAIS.

Le président de la République,
Décrète :
Art. 1er. Sont nommés membres de la commission consultative :

MM. Arrighi de Padoue (Corse);
    Bonjean ;
    De Caulaincourt (Calvados);
    De Chazelles (Puy-de-Dôme);
    Dabeaux (Haute-Garonne);
    Eschasseriaux (Charente-Inférieure);
    Paulin Gillon (Meuse);
    Ernest de Girardin (Charente);
    Goulhot de Saint-Germain (Manche);
    Husson (le général) (Aube);
    Hély d'Oissel ;
    Hermann ;
    Lawoestine ;
    Lebreton (le général) (Eure-et-Loir);
    Lestiboudois (Nord);
    Magnan (le général);
    Maillard ;
    Marchand ;
    Maigne ;
    De Maupas ;
    Mimerel (Nord);
    De la Moskowa ;
    Paravey ;
    De Parieu (Cantal);
    F. Pascal (Bouches-du-Rhône);
    Pérignon ;
    De Rancé (Algérie);
    Vast-Vimeux (le général) (Charente-Inférieure);
    Vaïsse (Nord).

Art. 2. La commission consultative sera présidée par M. le président de la République. Il sera remplacé, en cas d'absence, par M. Baroche, nommé vice-président.

Fait à l'Elysée-National, le 3 décembre 1851.

Le président de la République,

Signé : LOUIS-NAPOLÉON BONAPARTE.

Le ministre de l'intérieur,

Signé : DE MORNY.

(Ce décret fut affiché le 4 au matin. Il est la rectification de celui publié et affiché la veille. — NOTE DES EDITEURS.)

GARDES NATIONALES DE LA SEINE.

ORDRE DU JOUR DU 2 DÉCEMBRE 1851.

Soldats de la garde nationale,

La confiance du prince, Président de la République, vient de me placer à votre tête.

Dans cette circonstance, le chef de l'Etat a bien plus consulté mon dévouement et mon patriotisme que le mérite de mes vieux services ; il a voulu honorer un souvenir qui vous sera toujours cher, celui de l'illustre maréchal Gérard qui, depuis trente-six ans, daigne me nommer son ami.

Si j'ai accepté un honneur, que je suis loin d'avoir brigué, c'est que je puis vous présenter avec sécurité le passé de ma vie. J'ai toujours eu une horreur invincible pour ce patriotisme révolutionnaire qui met ses intérêts particuliers à la place de ceux de la patrie. Je n'ai jamais voulu servir mon pays que sous un étendard, sous celui qui nous a guidés triomphants dans l'univers. Je n'ai qu'une pensée en venant au milieu de vous, c'est de resserrer de plus en plus les liens qui vous unissent à cette noble armée dont vous êtes fiers, parce qu'elle se recrute parmi vos frères et vos enfants, et qu'elle est toujours prête à verser son généreux sang pour la défense de la patrie.

Je suis certain, soldats de la garde nationale, que les sentiments qui m'animent sont aussi les vôtres : oui, si jamais la démagogie osait relever la tête, si les ambitieux impuissants et égoïstes qui s'agitent autour de nous es-sayaient de réaliser leurs funestes projets, vous viendriez avec moi vous ranger auprès de nos invincibles bataillons : vous n'y viendriez que d'après mes ordres : je n'hésiterais pas à sévir avec une inflexible rigueur contre ceux qui oseraient faire battre le rappel sans mon ordre : vous se-riez des soldats disciplinés, car ce n'est pas par vanité et pour parader à votre tête que j'ai accepté l'honneur de vous commander.

Soldats de la garde nationale, je compte sur votre pa-triotisme, comme vous pouvez compter sur mon dévoue-ment et mes cordiales sympathies.

Le général commandant supérieur,

Signé : LAWOESTINE.

Pour copie conforme.

Le colonel, chef de l'état-major général,

VIEYRA.

RÉPUBLIQUE FRANÇAISE.

MINISTÈRE DE LA JUSTICE.

On répand à Paris de fausses nouvelles sur l'état de la province.

On doit répandre en province de fausses nouvelles sur l'état de Paris.

L'ÉMEUTE EST COMPRIMÉE DANS LA CAPITALE.

Toutes les nouvelles des départements sont excellentes.

Le gouvernement est assuré de maintenir l'ordre sur tous les points de la France.

DÉPÊCHE DU PRÉFET DU RHONE AU MINISTRE DE L'INTÉRIEUR.

Lyon, 3 décembre 1851, sept heures du soir.

Monsieur le ministre,

J'ai l'honneur de vous envoyer copie de la proclamation que j'ai faite aux habitants du Rhône, par suite de la dépêche télégraphique que j'ai reçue le 5 décembre à une heure du matin.

Ces deux pièces, que j'ai fait afficher immédiatement dans tout le département, m'ont amené à recevoir de mes correspondances particulières l'assurance que l'acte énergique de M. le Président a été accueilli avec sympathie.

La ville de Lyon est calme, et toutes les mesures sont prises pour prévenir le moindre trouble.

Dans tous les cas, M. le commandant Castellane et moi sommes prêts à toutes les éventualités.

J'aurai l'honneur, monsieur le ministre, de vous tenir au courant de tout ce qui se passera dans mon département.

Je suis avec respect, etc.

Le préfet du Rhône,
DE VINCENT.

PROCLAMATION.

Habitants de Paris!

La France entière s'associe, par une approbation una-
nime, aux grands événements qui viennent de s'accomplir.

Les actes du gouvernement, connus depuis deux jours
à Lyon, à Lille, à Amiens, à Reims, à Nantes, à Poitiers,
dans tous les centres du commerce et de l'industrie, y
ont reçu le meilleur accueil.

L'ordre n'a été troublé nulle part.

Le ministre de l'intérieur,
DE MORNY.

PROCLAMATION DU MINISTRE DE LA GUERRE

AUX HABITANTS DE PARIS.

Habitants de Paris!

Les ennemis de l'ordre et de la société ont engagé la
lutte. Ce n'est pas contre le gouvernement, contre l'élu
de la nation qu'ils combattent, mais ils veulent le pillage
et la destruction.

Que les bons citoyens s'unissent au nom de la société
et des familles menacées.

Restez calmes, habitants de Paris! Pas de curieux
inutiles dans les rues; ils gênent les mouvements des
braves soldats qui vous protégent de leurs baïonnettes.

Pour moi, vous me trouverez toujours inébranlable
dans la volonté de vous défendre et de maintenir l'ordre.

Le ministre de la guerre,

Vu la loi sur l'état de siége,

Arrête :

Tout individu pris construisant ou défendant une barricade, ou les armes à la main, sera fusillé.

Le général de division, ministre
de la guerre,

De Saint-Arnaud.

PRÉFECTURE DE POLICE.

PROCLAMATION

Habitants de Paris !

Comme nous, vous voulez l'ordre et la paix ; comme nous, vous êtes impatients d'en finir avec cette poignée de factieux qui lèvent depuis hier le drapeau de l'insurrection.

Partout notre courageuse et intrépide armée les a culbutés et vaincus.

Le Peuple est resté sourd à leurs provocations.

Il est des mesures, néanmoins, que la sûreté publique commande.

L'état de siége est décrété.

Le moment est venu d'en appliquer les conséquences rigoureuses.

Usant des pouvoirs qu'il nous donne,

Nous, préfet de police, arrêtons :

Art. 1er. La circulation est interdite à toute voiture publique ou bourgeoise. Il n'y aura d'exception qu'en faveur de celles qui servent à l'alimentation de Paris, au transport des matériaux.

Les stationnements des piétons sur la voie publique e

la formation de groupes seront, sans sommation, dispersés par les armes.

Que les citoyens paisibles restent à leur logis.

Il y aurait péril sérieux à contrevenir aux dispositions arrêtées.

Fait à Paris, le 4 décembre 1851.

Le préfet de police,
DE MAUPAS.

RÉPUBLIQUE FRANÇAISE.

AU NOM DU PEUPLE FRANÇAIS.

Le président de la République,

Considérant que le mode d'élection promulgué par le décret du 2 décembre, avait été adopté dans d'autres circonstances, comme garantissant la sincérité de l'élection ;

Mais, considérant que le scrutin secret, actuellement pratiqué, paraît mieux garantir l'indépendance des suffrages ;

Considérant que le but essentiel du décret du 2 décembre est d'obtenir la libre et sincère expression de la volonté du peuple ;

Décrète :

Art. 1er. Les art. 2, 3 et 4 du décret du 2 décembre sont modifiés ainsi qu'il suit, savoir :

Art. 2. L'élection aura lieu par le suffrage universel.

Sont appelés à voter tous les Français âgés de vingt et un ans, jouissant de leurs droits civils et politiques.

Art. 3. Ils devront justifier soit de leur inscription sur les listes électorales dressées en vertu de la loi du 15 mars 1849, soit de l'accomplissement, depuis la formation des listes, des conditions exigées par cette loi.

Art. 4. Le scrutin sera ouvert pendant les journées des 20 et 21 décembre, dans le chef-lieu de chaque commune, depuis huit heures du matin jusqu'à quatre heures du soir.

Le suffrage aura lieu au scrutin secret,

par OUI ou par NON,

au moyen d'un bulletin manuscrit ou imprimé.

Fait au palais de l'Elysée, le 4 décembre 1851.

LOUIS-NAPOLÉON BONAPARTE.

Le ministre de l'intérieur,

DE MORNY.

ARRÊTÉ,

Paris, le 4 décembre 1851.

Le ministre de la guerre arrête :

Art. 1er. Tout individu, quelle que soit sa qualité, qui sera trouvé dans une réunion-club ou association tendant à organiser une résistance quelconque au gouvernement ou à paralyser son action, sera considéré comme complice de l'insurrection.

Art. 2. En conséquence, il sera immédiatement arrêté et livré aux conseils de guerre qui sont en permanence.

Le général de division, ministre de la guerre,

A. DE SAINT-ARNAUD.

RÉPUBLIQUE FRANÇAISE.

PROCLAMATION.

Paris, 4 décembre 1851.

Soldats !

Vous avez accompli aujourd'hui un grand acte de votre vie militaire. Vous avez préservé le pays de l'anarchie, du pillage, et sauvé la République. Vous vous êtes montrés ce que vous serez toujours, braves, dévoués, infatigables. La France vous admire et vous remercie. Le président de la République n'oubliera jamais votre dévouement.

La victoire ne pouvait être douteuse ; le vrai Peuple, les honnêtes gens, sont avec vous.

Dans toutes les garnisons de la France, vos compagnons d'armes sont fiers de vous et suivraient au besoin votre exemple.

Le ministre de la guerre,
A. DE SAINT-ARNAUD.

MINISTÈRE DE L'INTÉRIEUR.

RÉPUBLIQUE FRANÇAISE.

Proclamation.

Le président de la République et son gouvernement ne reculeront devant aucune mesure pour maintenir l'ordre et sauver la société ; mais ils sauront toujours entendre la voix de l'opinion publique et les vœux des honnêtes gens.

Ils n'ont pas hésité à changer un mode de votation qu'ils avaient emprunté à des précédents historiques, mais qui, dans l'état actuel de nos mœurs et de nos habitudes électorales, n'a pas paru assurer suffisamment l'indépendance des suffrages.

Le président de la République entend que tous les électeurs soient complétement libres dans l'expression de leur vote, qu'ils exercent ou non des fonctions publiques ; qu'ils appartiennent aux carrières civiles ou à l'armée.

Indépendance absolue, complète liberté des votes, voilà ce que veut Louis-Napoléon Bonaparte.

Paris, 5 décembre 1851.

Le ministre de l'intérieur,

DE MORNY.

GARDES NATIONALES DU DÉPARTEMENT DE LA SEINE.

Paris, 5 décembre 1851.

Soldats de la garde nationale,

Je ne vous ai point appelés à prendre part à la lutte nouvelle entreprise par les fauteurs de l'anarchie contre la société, et si vaillamment soutenue et terminée par notre brave armée ; je sais que, si votre concours leur eût été nécessaire, le pays et votre général pouvaient compter sur lui ; mais vous avez fait céder l'élan de votre patriotisme à l'obéissance que je vous avais demandée ; je l'attends toujours de vous et je vous en remercie.

Le général commandant supérieur,

Signé : LAWOESTINE.

Pour copie conforme :

Le colonel, chef d'état-major général,

VIEYRA.

Paris, le 5 décembre 1851.

Monsieur le commissaire de police,

L'émeute est comprimée. Nos ennemis sont désormais impuissants à relever les barricades. Néanmoins l'excitation à la révolte continue. D'ardents démagogues parcourent les groupes pour y provoquer l'agitation et y répandre de fausses nouvelles. Les ex-représentants montagnards mettent à profit les derniers restes de leur ancien prestige pour entraîner le peuple à leur suite.

Des hôtels garnis, des cafés, des maisons suspectes deviennent le réceptacle de conspirateurs et d'insurgés. On y cache des armes, des munitions de guerre, des écrits incendiaires.

Toutes ces causes d'agitation, il faut les supprimer en pratiquant sur une vaste échelle un système de perquisitions et d'arrestations. C'est le moyen de rendre à la cité la paix et la tranquillité qu'une poignée de factieux cherchaient à lui enlever.

Vous avez tous, sous mes yeux, fait votre devoir avec tant de dévouement et de courage, que je ne doute pas que, pour remplir cette nouvelle et importante mission, vous ne trouviez encore en vous toute la vigilance et l'énergie que les circonstances commandent.

Le préfet de police,

De Maupas.

AU NOM DU PEUPLE FRANÇAIS.

Le Président de la République,

Vu la loi du 25 décembre 1790, relative au traitement des militaires ;

Vu la loi du 11 avril 1831, sur les pensions de l'armée de terre ;

Vu l'ordonnance du 3 mai 1832, sur le service des armées en campagne ;

Sur le rapport du ministre de la guerre ;

Voulant que les services rendus au pays, à l'intérieur, soient récompensés comme le sont ceux des armées au dehors,

Décrète :

Art. 1er. Lorsqu'une troupe organisée aura contribué, par des combats, à rétablir l'ordre sur un point quelconque du territoire, ce service sera compté comme service de campagne.

Art. 2. Chaque fois qu'il y aura lieu de faire application de ce principe, un décret spécial en déterminera les conditions.

A l'Elysée, le 5 décembre 1851.

Le Président de la République,
LOUIS-NAPOLÉON BONAPARTE.

Le ministre de la guerre,
A. DE SAINT-ARNAUD.

AU NOM DU PEUPLE FRANÇAIS.

Le Président de la République,

Sur le rapport du ministre de l'instruction publique et des cultes,

Vu la loi du 4-10 avril 1791 ;

Vu le décret du 20 février 1806 ;

Vu l'ordonnance du 12 décembre 1821 ;

Vu l'ordonnance du 26 août 1830,

Décrète :

Art. 1er. L'ancienne église de Sainte-Geneviève est

rendue au culte, conformément à l'intention de son fondateur, sous l'invocation de sainte Geneviève, patronne de Paris.

Il sera pris ultérieurement des mesures pour régler l'exercice permanent du culte catholique dans cette église.

Art. 2. L'ordonnance du 26 août 1850 est rapportée.

Art. 3. Le ministre de l'instruction publique et des cultes et le ministre des travaux publics sont chargés, chacun en ce qui le concerne, de l'exécution du présent décret, qui sera inséré au *Bulletin des lois.*

Paris, le 6 décembre 1851.

LOUIS-NAPOLÉON BONAPARTE.

Le ministre de l'instruction
publique et des cultes,

H. FORTOUL.

—————

Le ministre de l'intérieur adressa la lettre suivante au général commandant les gardes nationales de la Seine :

A M. le général commandant supérieur des gardes
nationales de la Seine.

Paris, le 7 décembre 1851.

Général, dans plusieurs quartiers de Paris, quelques propriétaires ont l'impudeur de mettre sur leur porte : *Armes données.* On concevrait qu'un garde nationale écrivît : *Armes arrachées de force,* afin de mettre à couvert sa responsabilité vis-à-vis de l'État et son honneur vis-à-vis de ses concitoyens ; mais inscrire sa honte sur le front de sa propre maison révolte le caractère français.

J'ai donné l'ordre au préfet de police de faire effacer ces inscriptions, et je vous prie de me désigner les lé-

2.

gions où ces faits se sont produits, afin que je propose à
M. le Président de la République de décréter leur dissolution.

Agréez, général, l'expression de ma considération la
plus distinguée.

Le ministre de l'intérieur,

A. DE MORNY.

Le général Lawœstine a immédiatement répondu la
lettre que voici :

Paris, le 7 décembre 1851.

Monsieur le ministre,

Toute la garde nationale applaudira aux sentiments exprimés dans la lettre que vous m'avez fait l'honneur de
m'écrire.

Une des légions de Paris a subi le double affront du dés-
armement à domicile et des inscriptions honteuses dont
vous parlez. Sa mairie, malgré la présence de plus de
soixante hommes, a été prise par les insurgés : c'est la
5e légion.

Je viens vous la signaler et demander son licenciement.
Je suis heureux d'avoir, d'un autre côté, un grand nombre de faits qui constatent l'esprit d'ordre et d'obéissance
qui n'a cessé de régner dans d'autres légions.

Agréez, monsieur le ministre, l'assurance de ma haute
considération.

*Le général commandant supérieur des gardes
nationales de la Seine.*

LAWŒSTINE.

En conséquence le décret suivant a été rendu :

AU NOM DU PEUPLE FRANÇAIS.

Le Président de la République,
Sur le rapport du ministre de l'intérieur ;
Vu l'art. 3 de la loi du 13 juin 1851 ;
Décrète :
Art. 1er. La cinquième légion de la garde nationale de Paris est dissoute.
Art. 2. Le ministre de l'intérieur est chargé de l'exécution du présent décret.
Fait à l'Elysée-National, le 7 décembre 1851.

LOUIS-NAPOLÉON BONAPARTE.

Le ministre de l'intérieur,
A. DE MORNY.

RÉPUBLIQUE FRANÇAISE.

LIBERTÉ, ÉGALITÉ, FRATERNITÉ.

AU NOM DU PEUPLE FRANÇAIS.

Le Président de la République,
Sur la proposition du ministre de l'intérieur,
Considérant que la France a besoin d'ordre, de travail et de sécurité ; que, depuis un trop grand nombre d'années, la société est profondément inquiétée et troublée par les machinations de l'anarchie ainsi que par les tentatives insurrectionnelles des affiliés aux sociétés secrètes et repris de justice, toujours prêts à devenir des instruments de désordre;
Considérant que, par ses constantes habitudes de ré-

volte contre toutes les lois, cette classe d'hommes, non-seulement compromet la tranquillité, le travail et l'ordre public, mais encore autorise d'injustes attaques et de déplorables calomnies contre la saine population ouvrière de Paris et de Lyon ;

Considérant que la législation actuelle est insuffisante et qu'il est nécessaire d'y apporter des modifications, tout en conciliant les devoirs de l'humanité avec les intérêts de la sécurité générale,

Décrète :

Art. 1er. Tout individu placé sous la surveillance de la haute police qui sera reconnu coupable du délit de rupture de ban pourra être transporté, par mesure de sûreté générale, dans une colonie pénitentiaire, à Cayenne ou en Algérie. La durée de la transportation sera de cinq années au moins et de dix ans au plus.

Art. 2. La même mesure est applicable aux individus reconnus coupables d'avoir fait partie d'une société secrète.

Art. 3. L'effet du renvoi sous la surveillance de la haute police sera, à l'avenir, de donner au Gouvernement le droit de déterminer le lieu dans lequel le condamné devra résider après qu'il aura subi sa peine.

L'administration déterminera les formalités propres à constater la présence continue du condamné dans le lieu de sa résidence.

Art. 4. Le séjour de Paris et celui de la banlieue de cette ville sont interdits à tous les individus placés sous la surveillance de la haute police.

Art. 5. Les individus désignés par l'article précédent seront tenus de quitter Paris et sa banlieue dans le délai de dix jours à partir de la promulgation du présent décret, à moins qu'ils n'aient obtenu un permis de séjour de l'administration ; il sera délivré à ceux qui la demanderont une feuille de route et de secours qui réglera leur itinéraire jusqu'à leur domicile d'origine ou jusqu'au lieu qu'ils auront désigné.

Art. 6. En cas de contravention aux dispositions prescrites par les art. 4 et 5 du présent décret, les contrevenants pourront être transportés, par mesure de sûreté générale, dans une colonie pénitentiaire, à Cayenne ou en Algérie.

Art. 7. Les individus transportés en vertu du présent décret seront assujettis au travail sur l'établissement pénitentiaire, ils seront privés de leurs droits civils et politiques; ils seront soumis à la juridiction militaire; les lois militaires leur seront applicables. Toutefois, en cas d'évasion de l'établissement, les transportés seront condamnés à un emprisonnement qui ne pourra excéder le temps pendant lequel ils auront encore à subir la transportation. Ils seront soumis à la discipline et à la subordination militaires, envers leurs chefs et surveillants civils ou militaires pendant la durée de l'emprisonnement.

Art. 8. Des règlements du pouvoir exécutif détermineront l'organisation de ces colonies pénitentiaires.

Art. 9. Les ministres de l'intérieur et de la guerre sont chargés, chacun en ce qui le concerne, de l'exécution du présent décret.

Fait à Paris, à l'Elysée-National, le conseil des ministres entendu, le 8 décembre 1851.

Louis-Napoléon Bonaparte.

Le ministre de l'intérieur,

A. de Morny.

RÉPUBLIQUE FRANÇAISE.

PROCLAMATION DU PRÉSIDENT DE LA RÉPUBLIQUE AU PEUPLE FRANÇAIS.

Français,

Les troubles sont apaisés. Quelle que soit la décision du Peuple, la société est sauvée. La première partie de ma tâche est accomplie; l'appel à la nation, pour terminer les luttes des partis, ne faisait, je le savais, courir aucun risque sérieux à la tranquillité publique.

Pourquoi le Peuple se serait-il soulevé contre moi?

Si je ne possède plus votre confiance, si vos idées ont changé, il n'est pas besoin de faire couler un sang précieux; il suffit de déposer dans l'urne un vote contraire. Je respecterai toujours l'arrêt du peuple.

Mais, tant que la nation n'aura pas parlé, je ne reculerai devant aucun effort, devant aucun sacrifice pour déjouer les tentatives des factieux. Cette tâche, d'ailleurs, m'est rendue facile.

D'un côté, l'on a vu combien il était insensé de lutter contre une armée unie par les liens de la discipline, animée par le sentiment de l'honneur militaire et par le dévouement à la patrie.

D'un autre côté, l'attitude calme des habitants de Paris, la réprobation dont ils flétrissaient l'émeute, ont témoigné assez hautement pour qui se prononçait la capitale.

Dans ces quartiers populeux où naguère l'insurrection se recrutait si vite parmi des ouvriers dociles à ses entraînements, l'anarchie, cette fois, n'a pu rencontrer qu'une répugnance profonde pour ces détestables excitations. Grâces en soient rendues à l'intelligente et patriotique population de Paris! Qu'elle se persuade de plus en plus que mon unique ambition est d'assurer le repos et la prospérité de la France.

Qu'elle continue à prêter son concours à l'autorité, et bientôt le pays pourra accomplir, dans le calme, l'acte solennel qui doit inaugurer une ère nouvelle pour la République.

Fait au palais de l'Élysée, le 8 décembre 1851.

LOUIS-NAPOLÉON BONAPARTE.

PRÉFECTURE DU DÉPARTEMENT DE LA SEINE.

Nous, préfet du département de la Seine,

Vu le décret du Président de la République, en date du 2 décembre courant, portant :

« Art. 1er. Le Peuple français est solennellement convoqué dans les comices électoraux, pour accepter le plébiscite suivant :

« Le Peuple français veut le maintien de l'autorité de « Louis-Napoléon Bonaparte et lui délègue les pouvoirs « nécessaires pour établir une Constitution sur les bases « proposées dans la proclamation du 2 décembre. »

Vu le décret du 4 du même mois, portant :

« Art. 2. L'élection aura lieu par le suffrage universel.

« Sont appelés à voter tous les Français âgés de vingt et un ans, jouissant de leurs droits civils et politiques.

« Art. 3. Ils devront justifier, soit de leur inscription sur les listes électorales dressées en vertu de la loi du 15 mars 1849, soit de l'accomplissement, depuis la formation des listes, des conditions exigées par cette loi ; »

Vu l'instruction donnée par M. le ministre de l'intérieur, en date du 7 décembre ;

Considérant que, pour donner aux habitants si nombreux du département de la Seine toute facilité pour l'accomplissement des formalités prescrites, il importe de publier, dès à présent, dans les mairies, les dernières listes dressées en vertu de la loi du 15 mars 1849, cette publication permettant à chacun de vérifier s'il est inscrit, et au besoin de *requérir son inscription;*

Arrêtons :

Art. 1er. Les listes électorales, arrêtées le 31 mars 1850, conformément à la loi du 15 mars 1849, seront publiées, demain 9 décembre, dans toutes les mairies du département de la Seine.

Art. 2. A partir du même jour, toute personne qui ne sera pas inscrite sur cette liste pourra demander son inscription.

Tout électeur inscrit sur une des listes du département pourra demander l'inscription ou la radiation de tout individu omis ou indûment inscrit.

Art. 3. Le 16 décembre, il sera publié, dans chaque mairie :

1° Une liste complémentaire comprenant les noms des électeurs inscrits d'après les demandes adressées aux mairies ;

2° Un tableau des retranchements opérés par suite de décès, de jugements entraînant incapacité, suivant les dispositions de l'article 5 de la loi du 15 mars 1849, ou pour toute autre cause déterminée par ladite loi.

Art. 4. Les réclamations relatives à la liste ainsi rectifiée, et tendant à inscription ou radiation, seront reçues dans les mairies à partir de ce même jour, 16 décembre.

Ces réclamations seront jugées par le maire ou par le juge de paix.

Art. 5. Des avis ultérieurs feront connaître le jour de la délivrance des cartes et le lieu où les électeurs devront se rendre pour voter.

Fait à Paris, le 8 décembre 1851.

BERGER.

RAPPORT

AU PRÉSIDENT DE LA RÉPUBLIQUE.

Monsieur le Président,

La 6ᵉ légion de la garde nationale de Paris se trouve, en temps de troubles, placée dans les conditions les plus défavorables, non pas parce que les habitants de cette circonscription sympathisent avec les ennemis de l'ordre, mais parce que la disposition des rues y favorise les plans des insurgés et rend difficiles les opérations de la troupe. On en a fait la triste expérience à diverses époques. Les bons citoyens ne peuvent se réunir promptement sur un point déterminé, et sont exposés à être désarmés isolément.

L'inflexible résolution que vous m'avez manifestée d'enlever toute chance de succès à une insurrection dans Paris, et de ne plus permettre que quelques milliers de coquins puissent décider du sort de 35 millions d'âmes, m'a engagé à rechercher et à vous proposer successivement toutes les mesures propres à atteindre ce but.

Celle que j'ai l'honneur de vous soumettre aujourd'hui est de cette nature, et j'ose espérer que vous y donnerez votre approbation en signant le décret ci-joint.

J'ai l'honneur d'être, monsieur le Président, avec un profond respect,

Votre très-humble et très-obéissant serviteur,

Le ministre de l'intérieur,

A. DE MORNY.

AU NOM DU PEUPLE FRANÇAIS.

Le Président de la République,
Sur le rapport du ministre de l'intérieur,
Vu l'article 3 de la loi du 13 juin 1851,
Décrète :
Art. 1er. La 6e légion de la garde nationale de Paris est dissoute.
Art. 2. Le ministre de l'intérieur est chargé de l'exécution du présent décret.
Fait à Paris, à l'Élysée-National, le 13 décembre 1851.

LOUIS-NAPOLÉON BONAPARTE.

Le ministre de l'intérieur,
A. DE MORNY.

RÉPUBLIQUE FRANÇAISE.

AU NOM DU PEUPLE FRANÇAIS.

Le Président de la République,
Sur la proposition du garde des sceaux, ministre de la justice,
Décrète :
Art. 1er. La commission consultative est définitivement composée ainsi qu'il suit :
MM.
Abbatucci, ancien conseiller à la cour de cassation (Loiret) ;
Achard (général) [Moselle] ;
André (Ernest) [Seine] ;
André (Charente) ;

D'Argout, gouverneur de la banque de France, ancien ministre ;

Arrighi de Padoue (général) [Corse] ;

D'Audiffret, président à la cour des comptes ;

De Bar (général) [Seine] ;

Baraguey d'Hilliers (général) [Doubs] ;

Barbaroux, ancien procureur général (Réunion) ;

Baroche, ancien ministre de l'intérieur et des affaires étrangères, vice-président de le commission (Charente-Inférieure) ;

Barrot (Ferdinand), ancien ministre [Seine] ;

Barthe, ancien ministre, premier président de la cour des comptes ;

Bataille (Haute-Vienne) ;

Bavoux (Evariste) [Seine-et-Marne] ;

De Beaumont (Somme) ;

Bérard (Lot-et-Garonne) ;

Berger, préfet de la Seine (Puy-de-Dôme) ;

Bertrand (Yonne) ;

Bidault (Cher) ;

Bigrel (Côtes-du-Nord) ;

Billault, avocat ;

Bineau, ancien ministre (Maine-et-Loire) ;

Boinvilliers, ancien bâtonnier de l'ordre des avocats (Seine) ;

Bonjean, avocat général à la cour de cassation (Drôme) ;

Boulatignier ;

Bourbousson (Vaucluse) ;

Bréhier (Manche) ;

De Cambacérès (Hubert) ;

De Cambacérès (Aisne) ;

Carlier, ancien préfet de police ;

De Casabianca, ancien ministre (Corse) ;

De Castellane (général), commandant supérieur à Lyon ;

De Caulaincourt (Calvados) ;

Cécile (vice-amiral) [Seine-Inférieure] ;

Chadenet (Meuse);

Charlemagne (Indre);

Chassaigne-Goyon (Puy-de-Dôme);

De Chasseloup-Laubat (général) [Seine-Inférieure];

De Chasseloup-Laubat (Prosper) [Charente-Inférieure];

Chaix d'Est-Ange, avocat à Paris (Marne);

De Chazelles, maire de Clermont-Ferrand (Puy-de-Dôme);

Collas (Gironde);

De Crouseilhes, ancien conseiller à la cour de cassation, ancien ministre (Basses-Pyrénées);

Curial (Orne);

De Cuverville (Côtes-du-Nord);

Dabeaux (Haute-Garonne);

Dariste (Basses-Pyrénées);

Daviel, ancien ministre;

Delacoste, ancien commissaire général du Rhône;

Delajus (Charente-Inférieure);

Delavau (Indre);

Deltheil (Lot);

Denjoy (Gironde);

Desjobert (Seine-Inférieure);

Desmaroux (Allier);

Drouyn-de-Lhuys (Seine-et-Marne), ancien ministre;

Ducos (Théodore) [Seine], ministre de la marine et des colonies;

Dumas (de l'Institut) [Nord], ancien ministre;

Dupin (Charles), de l'Institut (Seine-Inférieure);

Durrieu (général) [Landes];

Duval (Maurice), ancien préfet;

Eschassériaux (Charente-Inférieure);

Exelmans (maréchal), grand chancelier de la légion d'honneur;

Favre (Ferdinand) [Loire-Inférieure];

De Flahault (général), ancien ambassadeur;

Fortoul, ministre de l'instruction publique (Basses-Alpes);

Fould (Achille), ministre des finances (Seine);

De Fourment (Somme);

Fouquier-d'Hérouël (Aisne);

Frémy (Yonne);

Furtado (Seine);

Gasc (Haute-Garonne);

Gaslonde (Manche);

De Gasparin, ancien ministre;

De Girardin (Ernest) [Charente];

Giraud (Augustin) [Maine-et-Loire];

Giraud (Charles), de l'Institut, membre du conseil de l'instruction publique, ancien ministre;

Godelle (Aisne);

Goulhot de Saint-Germain (Manche);

De Grammont (général) [Loire];

De Grammont (Haute-Saône);

De Greslan (Réunion);

De Grouchy (général) [Gironde];

Hallez-Claparède (Bas-Rhin);

D'Hautpoul (général), ancien ministre (Aude);

Hébert (Aisne);

De Heeckeren (Haut-Rhin);

D'Hérambault (Pas-de-Calais);

Hermann;

Heurtier (Loire);

Husson (général) [Aube];

Janvier (Tarn-et-Garonne);

Lacaze (Hautes-Pyrénées);

Lacrosse, ancien ministre (Finistère);

Ladoucette (Moselle);

De Lagrange (Frédéric) [Gers];

De Lagrange (Gironde);

De La Hitte (général), ancien ministre;

Delangle, ancien procureur général;

Lanquetin, président de la commission municipale;

De Lariboisière (Ille-et-Vilaine);

Lawœstine (général);

Lebœuf (Seine-et-Marne);
Lebreton (général) [Eure-et-Loir];
Le Comte (Yonne);
Le Conte (Côtes-du-Nord);
Lefebvre-Duruflé, ministre du commerce (Eure);
Lélut (Haute-Saône);
Lemarois (Manche);
Lemercier (Charente);
Lequien (Pas-de-Calais);
Lestiboudois (Nord);
Levavasseur (Seine-Inférieure);
Le Verrier (Manche);
Lezay de Marnésia (Loir-et-Cher);
Magnan (général), commandant en chef de l'armée de
    Paris;
Magne, ministre des travaux publics (Dordogne);
Maigne (Edmond) [Dordogne];
Marchant (Nord);
Mathieu Bodet, avocat à la cour de cassation (Charente);
De Maupas, préfet de police;
De Mérode (Nord);
Mesnard, président de chambre à la cour de cassation;
Meynadier, ancien préfet (Lozère);
Mimerel (Nord);
Monin, doyen des maires de Paris;
De Montalembert (Doubs);
De Morny, ministre de l'intérieur (Puy-de-Dôme);
De Mortemart (Henri) [Seine-Inférieure];
De la Moskowa (colonel) [Moselle];
De Mouchy (Oise);
De Moustier (Doubs);
Murat (Lucien) [Lot];
Odier (Antoine), censeur de la banque de France;
D'Ornano (général) [Indre-et-Loire];
De Parieu, ancien ministre (Cantal);
Pascalis, conseiller à la cour de cassation;

Pelet (général) [Ariége];

Pepin-Lehalleur (Seine-et-Marne);

De Persigny (Nord);

De Plancy (Oise);

Plichon, maire d'Arras (Pas-de-Calais);

Portalis, premier président de la cour de cassation;

Pongérard, maire de Rennes (Ille-et-Vilaine);

De Préval (général);

De Rancé (Algérie);

Randon (général), ancien ministre, gouverneur général de l'Algérie;

Regnaud de Saint-Jean-d'Angély (général), ancien ministre (Charente-Inférieure);

Renouard de Bussières (Bas-Rhin);

Renouard (Lozère);

Rogé (général);

Rouher, garde des sceaux, ministre de la justice (Puy-de-Dôme);

De Royer, ancien ministre, procureur général à la cour d'appel de Paris;

De Saint-Arnaud (général), ministre de la guerre;

De Saint-Arnaud, avocat à la cour d'appel de Paris;

De Salis (Moselle);

Sapey (Isère);

Schneider, ancien ministre;

De Ségur d'Aguesseau (Hautes-Pyrénées);

Seydoux (Nord);

Thayer (Amédée);

Thieullen (Côtes-du-Nord);

De Thorigny, ancien ministre;

Toupot de Béveaux (Haute-Marne);

Tourangin, ancien préfet;

Troplong, premier président à la cour d'appel de Paris;

De Turgot, ministre des affaires étrangères;

Vaillant, maréchal de France;

Vaïsse, ancien ministre (Nord);

De Vaudeul (Haute-Marne) ;

Vast-Vimeux (général) [Charente-Inférieure] ;

Vauchelle, maire de Versailles ;

Viard (Meurthe) ;

Vieillard (Manche) ;

Vuillefroy ;

Vuitry, sous-secrétraire d'Etat au ministère des finances ;

De Wagram.

Art. 2. La commission consultative se réunira dès le 25 décembre prochain, à l'effet de procéder au recensement des votes recueillis en exécution des décrets des 2 et 4 décembre présent mois.

Art. 5. M. Prosper Hochet, secrétaire général de l'ancien conseil d'Etat, est nommé secrétaire général de la commission consultative.

Art. 4. M. Denis Lagarde, ancien secrétaire-rédacteur de l'Assemblée législative, est nommé secrétaire-rédacteur, chef du service des procès-verbaux de la commission consultative.

Fait au palais de l'Elysée-National, le conseil des ministres entendu, le 15 décembre 1851.

LOUIS-NAPOLÉON BONAPARTE.

Le garde des sceaux,
ministre de la justice,
E. ROUHER.

CIRCULAIRE

DU MINISTRE DE LA GUERRE A MM. LES CHEFS DE LÉGION
DE GENDARMERIE.

Paris, 15 décembre 1851.

Messieurs,

La gendarmerie a dignement répondu à l'attente du gouvernement et du pays ; elle a contribué, au prix de ses efforts et de son sang, à assurer le triomphe de l'ordre sur l'anarchie.

L'intention du chef de l'Etat et de son gouvernement est que des récompenses proportionnées à leurs services soient accordées à tous les militaires de l'arme qui s'en sont rendus dignes.

Vous me ferez donc connaître, dans le plus bref délai, les noms des officiers, sous-officiers, brigadiers et gendarmes, qui, dans les circonstances difficiles, se sont le plus fait remarquer par leur énergie, leur sang-froid et la vigueur des dispositions prises pour la défense de la société en péril.

Vous me signalerez en même temps la situation des veuves et des orphelins des militaires qui ont trouvé une mort glorieuse dans l'accomplissement de leurs devoirs.

Le ministre de la guerre,
A. DE SAINT-ARNAUD.

<hr>

MINISTÈRE DE L'INTÉRIEUR.

AVIS AU PEUPLE FRANÇAIS.

Il est bien entendu que ceux qui veulent maintenir LOUIS-NAPOLEON BONAPARTE et lui donner les pouvoirs

3.

pour établir une Constitution sur les bases indiquées dans sa proclamation du 2 décembre, doivent voter avec un bulletin portant le mot :

OUI.

AU NOM DU PEUPLE FRANÇAIS.

Le Président de la République,

Vu le décret du gouvernement provisoire du 28 avril 1848, qui règle le nombre des divisions et subdivisions militaires;

Vu le décret du 3 mai 1848, qui réduit le cadre d'activité des officiers généraux et le cadre de l'état-major ;

Considérant que l'expérience a fait reconnaître les vices de l'organisation des divisions et subdivisions militaires déterminées par le décret du 28 avril 1848 ; que la trop grande étendue des commandements territoriaux ne laisse pas toujours au pouvoir militaire sa liberté d'action et les moyens de réprimer les tentatives de désordre avec toute la promptitude désirable ; que les derniers événements ont surtout révélé ce danger, et que, dans l'intérêt de la sûreté publique, il devient urgent d'augmenter le nombre des divisions et subdivisions militaires ;

Considérant que, pour arriver à ce résultat, il est indispensable de rétablir le cadre des officiers généraux et celui des officiers d'état-major sur les anciennes bases, et que le décret du 3 mai 1848 n'a plus de raison d'être, puisqu'il était exclusivement motivé sur la diminution du nombre d'emplois dévolu aux officiers de l'état-major général,

Sur le rapport du ministre de la guerre,

Décrète :

Art. 1er. Le décret du 3 mai 1848, qui avait réduit le

cadre d'activité des officiers généraux et le cadre de l'état-major, est abrogé.

Art. 2. Le ministre de la guerre est chargé de l'exécution du présent décret.

Fait à l'Elysée-National, le 20 décembre 1851.

LOUIS-NAPOLÉON BONAPARTE.

Le ministre de la guerre,

A. DE SAINT-ARNAUD.

RÉPUBLIQUE FRANÇAISE.

AU NOM DU PEUPLE FRANÇAIS.

Le Président de la République,

Sur le rapport du ministre de l'agriculture et du commerce ;

Vu l'extrait d'une délibération de la chambre de commerce du Havre, en date du 5 décembre 1851 ;

Vu les lettres de M. le préfet de la Seine-Inférieure, en date des 9, 12, 18 et 23 du même mois ;

Vu les art. 11 et 12 du décret du 5 septembre 1851 ;

Considérant que les chambres de commerce n'ont le droit de délibérer sur aucune question politique;

Considérant que toute interruption de rapports entre le gouvernement et les chambres de commerce est de nature à compromettre les intérêts du commerce, de l'industrie et des populations,

Décrète :

Art. 1er. La chambre de commerce du Havre (Seine-Inférieure) est dissoute.

Art. 2. La partie précitée de la délibération de la chambre de commerce du Havre, en date du 5 de ce mois, est considérée comme nulle et non avenue, et sera biffée des registres de la chambre.

Art. 3. Jusqu'à ce qu'il puisse être procédé à de nouvelles élections, il est formé une chambre de commerce provisoire, qui est composée ainsi qu'il suit :
MM. Hermé ;
    Perquer (Frédéric) ;
    Clerc ;
    Nillus, constructeur de machines ;
    Lahure, directeur de compagnie d'assurances ;
    O'Reilly, négociant ;
    Cor (Louis), armateur ;
    Laisné, courtier ;
    De la Roche, négociant ;
    Acher (le jeune), négociant ;
    Fournier père, négociant ;
    Leloup, armateur ;
    Pinguet (Jean-Baptiste), négociant ;
    Hallaure, négociant ;
    Lemaistre, maire.

Art. 4. Le ministre de l'agriculture et du commerce est chargé de l'exécution du présent décret.

Fait à l'Elysée-National, le 27 décembre 1851.

LOUIS-NAPOLÉON BONAPARTE.

Par le Président :

Le ministre de l'agriculture et du commerce,
N. LEFEBVRE-DUROFLÉ.

AU NOM DU PEUPLE FRANÇAIS.

Le Président de la République,
Sur le rapport du ministre de l'intérieur,
Considérant que la multiplicité toujours croissante des

cafés, cabarets et débits de boissons, est une cause de désordres et de démoralisation;

Considérant que, dans les campagnes surtout, ces établissements sont devenus, en grand nombre, des lieux de réunion et d'affiliation pour les sociétés secrètes, et ont favorisé d'une manière déplorable les progrès des mauvaises passions;

Considérant qu'il est du devoir du gouvernement de protéger par des mesures efficaces les mœurs publiques et la sûreté générale,

Décrète :

Art. 1er. Aucun café, cabaret ou autre débit de boissons à consommer sur place, ne pourra être ouvert, à l'avenir, sans la permission préalable de l'autorité administrative.

Art. 2. La fermeture des établissements désignés en l'art. 1er qui existent actuellement ou qui seront autorisés à l'avenir pourra être ordonnée, par arrêté du préfet, soit après une condamnation pour contravention aux lois et règlements qui concernent ces professions, soit par mesure de sûreté publique.

Art. 3. Tout individu qui ouvrira un café, cabaret ou débit de boissons à consommer sur place, sans autorisation préalable ou contrairement à un arrêté de fermeture pris en vertu de l'article précédent, sera poursuivi devant les tribunaux correctionnels, et puni d'une amende de 25 à 500 fr. et d'un emprisonnement de six jours à six mois.

L'établissement sera fermé immédiatement.

Art. 4. Le ministre de l'intérieur est chargé de l'exécution du présent décret.

Fait au palais de l'Elysée, le 29 décembre 1851.

LOUIS-NAPOLÉON BONAPARTE.

Le ministre de l'intérieur,

A. DE MORNY.

RÉPUBLIQUE FRANÇAISE.

AU NOM DU PEUPLE FRANÇAIS.

Le Président de la République,

Vu l'art. 7 du décret du 2 décembre 1851 et l'art. 1er du décret du 18 du même mois ;

Sur le rapport de la commission consultative en date de ce jour,

Proclame le résultat des votes émis par les citoyens français pour l'adoption ou le rejet du plébiscite suivant :

« Le peuple français veut le maintien de l'autorité de Louis-Napoléon Bonaparte, et lui délègue les pouvoirs nécessaires pour établir une constitution sur les bases proposées dans sa proclamation du 2 décembre 1851. »

Le nombre des votants a été de 8,116,773.

Ont voté *oui* 7,439,216 ;

Ont voté *non* 640,737 ;

Ont été annulés, comme irréguliers, 36,820 bulletins.

Le présent décret sera publié et affiché dans toutes les communes de la République.

Fait au palais de l'Elysée, le 31 décembre 1851.

LOUIS-NAPOLÉON BONAPARTE.

Le garde des sceaux,
ministre de la justice,

E. ROUHER.

AU NOM DU PEUPLE FRANÇAIS.

Le Président de la République,

Considérant que la République française, avec sa forme nouvelle, sanctionnée par le suffrage du peuple, peut adopter sans ombrage les souvenirs de l'Empire et les symboles qui en rappellent la gloire ;

Considérant que le drapeau national ne doit pas être plus longtemps privé de l'emblème renommé qui conduisit dans cent batailles nos soldats à la victoire,

Décrète :

Art. 1er. L'aigle française est rétablie sur les drapeaux de l'armée.

Art. 2. Elle est également rétablie sur la croix de la Légion d'honneur.

Art. 3. Le ministre de la guerre et le grand chancelier de la Légion d'honneur sont, chacun en ce qui le concerne, chargés de l'exécution du présent décret.

Fait à l'Elysée, le 31 décembre 1851.

LOUIS-NAPOLÉON BONAPARTE.

Le ministre de la guerre,

A. DE SAINT-ARNAUD.

AU NOM DU PEUPLE FRANÇAIS.

Le Président de la République,

Sur le rapport du garde des sceaux, ministre de la justice,

Considérant que, parmi les délits prévus par les lois en vigueur sur la presse, ceux qui sont commis au moyen de la parole, tels que les délits d'offenses verbales ou de cris séditieux, se sont considérablement multipliés ;

Considérant que l'attribution à la cour d'assises de la connaissance de ces délits rend la répression moins rapide et moins efficace ;

Considérant qu'il est de principe que les lois de procédure et de compétence sont immédiatement applicables aux affaires non encore jugées,

Décrète :

Art. 1er. La connaissance de tous les délits prévus par les lois sur la presse et commis au moyen de la parole est déférée aux tribunaux de police correctionnelle.

Art. 2. Ces tribunaux connaîtront de ceux de ces délits qui ont été commis antérieurement au présent décret, et ne sont pas encore jugés contradictoirement.

Art. 3. Les poursuites seront dirigées selon les formes et règles prescrites par le Code d'instruction criminelle pour la juridiction correctionnelle.

Fait au palais de l'Elysée, le 31 décembre 1851.

LOUIS-NAPOLÉON BONAPARTE.

Le garde des sceaux,
ministre de la justice,

E. ROUHER.

AU NOM DU PEUPLE FRANÇAIS.

Le Président de la République,

Sur le rapport du ministre des finances,

Décrète :

Art. 1er. Les monnaies d'or, d'argent et de bronze porteront sur la face l'effigie du Président de la République, et en légende : *Louis-Napoléon Bonaparte.*

Sur le revers seront gravés les mots *République française*, et au milieu d'un encadrement de feuilles de chêne et de laurier, la valeur de la pièce et l'année de la fabrication.

Art. 2. La tranche des pièces de vingt francs et de cinq francs portera ces mots en relief : *Dieu protége la France.*

Art. 3. Sont maintenues les dispositions relatives au diamètre, aux poids et aux tolérances des monnaies prescrites par le décret du 5 mai 1848.

Art. 4. Le ministre des finances est chargé de l'exécution du présent décret, qui sera inséré au *Bulletin des lois.*

Fait à l'Élysée-National, le 3 janvier 1852.

LOUIS-NAPOLÉON BONAPARTE.

Le ministre des finances,
ACHILLE FOULD.

MINISTÈRE DE L'INTÉRIEUR.

Paris, le 6 janvier 1852.

Monsieur le préfet, les emblèmes les plus respectables perdent ce caractère quand ils ne rappellent que de mauvais jours. Ainsi ces trois mots : *Liberté, Égalité, Fraternité,* forment par eux-mêmes une touchante devise; mais, comme on ne les a vus paraître qu'à des époques de troubles et de guerre civile, leur inscription grossière sur nos édifices publics attriste et inquiète les passants : veuillez donc les faire effacer.

Il serait en même temps convenable de rendre aux monuments, places, rues, etc., leurs noms populaires, qui se sont conservés dans l'usage familier à travers tous les changements de régime. Il ne faut exclure aucun souvenir historique glorieux pour la France ; le Palais-National s'appellera de nouveau le Palais-Royal ; l'Académie national de musique, le Grand-Opéra ; le Théâtre de la Nation, Théâtre-Français ; la rue de la Concorde, la rue Royale, etc.

Daignez me faire, dans ce même esprit, un rapport sur les changements analogues que vous croirez convenable de me proposer.

Recevez, monsieur le préfet, l'assurance de ma considération distinguée.

A. DE MORNY.

ORDONNANCE

CONCERNANT LA SUPPRESSION DES MOTS LIBERTÉ, ÉGALITÉ, FRA
TERNITÉ, SUR LES MONUMENTS, ÉDIFICES PUBLICS ET PROPRIÉTÉS
PARTICULIÈRES. ·

Paris, le 6 janvier 1851.

Nous, préfet de police,
Considérant que la devise *Liberté, Égalité, Fraternité*, a été, dans ces derniers temps, détournée de son sens primitif, pour prendre dans l'opinion publique une signification anarchique,
Ordonnons ce qui suit :
Art. 1er. Les mots *Liberté, Égalité, Fraternité*, devront être immédiatement effacés sur les monuments, édifices publics, propriétés particulières, sur lesquels ils figurent encore.
Art. 2. Les contraventions aux dispositions de la présente ordonnance seront déférés aux tribunaux compétents, sans préjudice des mesures administratives auxquelles elles pourront donner lieu.
Art. 3. La présente ordonnance sera imprimée, publiée et affichée, tant à Paris que dans les communes du ressort de la préfecture de police.
Art. 4. Le commissaire chef de la police municipale, les commissaires de police, le commandant de la gendarmerie de la Seine, et les autres préposés de la préfecture de police, sont chargés d'en assurer l'exécution.
Les sous-préfets de Sceaux et de Saint-Denis, les maires et les commissaires de police du ressort de la préfecture

de police, sont chargés spécialement de veiller, chacun en ce qui le concerne, à l'exécution de la présente ordonnance.

Le préfet de police,
De Maupas.

RÉPUBLIQUE FRANÇAISE.

AU NOM DU PEUPLE FRANÇAIS.

Louis-Napoléon, Président de la République,
Décrète :
Art. 1er. Sont expulsés du territoire français, de celui de l'Algérie et de celui des colonies, pour cause de sûreté générale, les anciens représentants à l'Assemblée législative dont les noms suivent :

> Edmond Valentin,
> Paul Racouchot,
> Agricol Perdiguier,
> Eugène Cholat,
> Louis Latrade,
> Michel Renaud,
> Joseph Benoît (du Rhône),
> Joseph Burgard,
> Jean Colfavru,
> Joseph Faure (du Rhône),
> Pierre-Charles Gambon,
> Charles-Lagrange,
> Martin Nadaud,
> Barthélemy Terrier,
> Victor Hugo,
> Cassal,
> Signard,

Viguier,
Charrassin,
Bandsept,
Savoye,
Joly,
Combier,
Boysset,
Duché,
Ennery,
Guilgot,
Hochstuhl,
Michot-Boutet,
Baune,
Bertholon,
Schœlcher,
De Flotte,
Joigneaux,
Laboulaye,
Bruÿs,
Esquiros,
Madier–Montjau,
Noël Parfait,
Emile Péan,
Pelletier,
Raspail,
Théodore Bac,
Bancel,
Belin (Drôme),
Besse,
Bourzat,
Brives,
Chavoix,
Dulac,
Dupont (de Bussac),
Gaston Dussoubs,
Guiter,

Lafon,
Lamarque,
Pierre Lefranc,
Jules Leroux,
Francisque Maigne,
Malardier,
Mathieu (de la Drôme),
Millotte,
Roselli-Mollet,
Charras,
Saint-Féréol,
Sommier,
Testelin (Nord),

Art. 2. Dans le cas où, contrairement au présent décret, l'un des individus désignés en l'art. 1er rentrerait sur les territoires qui lui sont interdits, il pourra être déporté par mesure de sûreté générale.

Fait au palais des Tuileries, le conseil des ministres entendu, le 9 janvier 1852.

LOUIS-NAPOLÉON.

Le ministre de l'intérieur,

DE MORNY.

AU NOM DU PEUPLE FRANÇAIS.

Louis-Napoléon, Président de la République,
Décrète :

Art. 1er. Sont momentanément éloignés du territoire français et de celui de l'Algérie, pour cause de sûreté générale, les anciens représentants à l'Assemblée législative dont les noms suivent :

Duvergier de Hauranne,
Creton,

Général de Lamoricière,
Général Changarnier,
Baze,
Général Le Flô,
Général Bedeau,
Thiers,
Chambolle,
De Rémusat,
Jules de Lasteyrie,
Émile de Girardin,
Général Laidet,
Pascal Duprat,
Edgard Quinet,
Antony Thouret,
Victor Chauffour,
Versigny,

Art. 2. Ils ne pourront rentrer en France ou en Algérie qu'en vertu d'une autorisation spéciale du Président de la République.

Fait au palais des Tuileries, le conseil des ministres entendu, le 9 janvier 1852.

LOUIS-NAPOLÉON.

Le ministre de l'intérieur,
A. DE MORNY.

———

RÉPUBLIQUE FRANÇAISE.

AU NOM DU PEUPLE FRANÇAIS.

Louis-Napoléon,
Président de la République,
Considérant que l'ordre est l'unique source du travail,

et qu'il ne s'établit qu'en raison directe de la force et de l'autorité du gouvernement ;

Considérant que la garde nationale doit être non une garantie contre le pouvoir, mais une garantie contre le désordre et l'insurrection ;

Considérant que les principes appliqués à l'organisation de la garde nationale à la suite de nos différentes révolutions, en armant indistinctement tout le monde, n'ont été qu'une préparation à la guerre civile ;

Qu'une composition de la garde nationale faite avec discernement, assure l'ordre public et le salut du pays ;

Considérant que, dans les campagnes surtout, où la force publique est peu nombreuse, il importe de prévoir toute nouvelle tentative de désordre et de pillage ; qu'une récente expérience a prouvé qu'une seule compagnie de bons citoyens armés pour la défense de leurs foyers suffit pour contenir ou mettre en fuite des bandes de malfaiteurs ;

Sur le rapport du ministre de l'intérieur,

Décrète :

Les gardes nationales sont dissoutes dans toute l'étendue du territoire de la République.

Elles sont réorganisées sur les bases suivantes, dans les localités où leur concours sera jugé nécessaire pour la défense de l'ordre public.

Dans le département de la Seine, le général commandant supérieur est chargé de cette réorganisation, qui aura lieu par bataillons.

Art. 1er. Le service de la garde nationale consiste :

1° En service ordinaire dans l'intérieur de la commune ;

2° En service de détachement hors du territoire de la commune.

Art. 2. Le service de la garde nationale est obligatoire pour tous les Français âgés de vingt-cinq à cinquante ans, qui seront jugés aptes à ce service par le conseil de recensement.

Néanmoins le gouvernement fixera, pour chaque localité, le nombre de gardes nationaux.

Art. 3. La garde nationale est organisée dans toutes les communes où le gouvernement le juge nécessaire : elle est dissoute et réorganisée suivant que les circonstances l'exigent. Elle est formée en compagnie, bataillon ou légion, selon les besoins du service déterminés par l'autorité administrative, qui pourra créer des corps de sapeurs-pompiers.

La création de corps spéciaux de cavalerie, artillerie ou génie, ne pourra avoir lieu que sur l'autorisation du ministre de l'intérieur.

Art. 4. Le président de la République nommera un commandant supérieur, des colonels ou lieutenants-colonels dans les localités où il le jugera convenable.

Art. 5. La garde nationale est placée sous l'autorité des maires, des sous-préfets, des préfets, et du ministre de l'intérieur.

Lorsque, d'après les ordres du préfet ou du sous-préfet, la garde nationale de plusieurs communes est réunie, soit au chef-lieu du canton, soit dans toute autre commune, elle est sous l'autorité du maire de la commune où a lieu la réunion.

Sont exceptés les cas déterminés par les lois où la garde nationale est appelée à faire un service militaire et qu'elle est mise sous les ordres de l'autorité militaire.

Art. 6. Les citoyens ne peuvent ni prendre les armes ni se rassembler, comme gardes nationaux, avec ou sans uniforme, sans l'ordre des chefs immédiats, et ceux-ci ne peuvent donner cet ordre sans une réquisition de l'autorité civile.

Art. 7. Aucun chef de poste ne peut faire distribuer de cartouches aux gardes nationaux placés sous son commandement, si ce n'est en vertu d'ordres précis, ou en cas d'attaque de vive force.

Art. 8. La garde nationale se compose de tous les

Français et des étrangers jouissant des droits civils, qui sont admis par le conseil de recensement, à la condition d'être habillés suivant l'uniforme, qui est obligatoire.

Art. 9. Le conseil de recensement est composé ainsi qu'il suit :

1° Pour une compagnie : du capitaine, *président*, et de deux membres désignés par le sous-préfet;

2° Pour un bataillon : du chef de bataillon, *président*, et du capitaine de chacune des compagnies qui le composent : le capitaine peut se faire suppléer par son sergent-major.

Provisoirement, et jusqu'à nomination aux grades, il est composé de trois membres par compagnie, et de neuf membres par bataillon, désignés par le préfet ou sous-préfet.

A Paris, la désignation sera faite par le ministre de l'intérieur sur la présentation du général commandant supérieur.

Le conseil de recensement prononce sur les admissions et arrête le contrôle définitif.

Art. 10. Il y aura un jury de révision par chaque canton. Il est présidé par le juge de paix et composé de quatre membres nommés par le sous-préfet.

A Paris, le jury de révision, institué à l'état-major général, est présidé par le chef d'état-major, à son défaut par un lieutenant-colonel d'état-major, et composé de :

4 chefs de bataillon,
2 chefs d'escadron d'état-major,
2 capitaines d'état-major,
1 chef d'escadron, rapporteur,
4 capitaine rapporteur adjoint,
1 capitaine, secrétaire,
1 lieutenant, secrétaire adjoint.

Art. 11. Le président de la République nomme les officiers de tous grades, sur la présentation du ministre de l'intérieur, d'après les propositions du commandant supérieur, dans le département de la Seine, et d'après celles des préfets, dans les autres départements.

Les adjudants sous-officiers sont nommés par le chef de bataillon, qui nomme également à tous les emplois de sous-officiers et de caporaux, sur la présentation des commandants de compagnies.

Art. 12. Les communes sont responsables, sauf leur recours contre les gardes nationaux, des armes que le gouvernement a jugé nécessaire de leur délivrer ; ces armes restent la propriété de l'Etat.

L'entretien de l'armement est à la charge du garde national ; les réparations, en cas d'accident causé par le service, sont à la charge de la commune.

Les gardes nationaux détenteurs d'armes appartenant à l'Etat, qui ne présentent pas ou ne font pas présenter ces armes aux inspections générales annuelles prescrites par les règlements, peuvent être condamnés à une amende de un franc au moins, et de cinq francs au plus, au profit de la commune.

Cette amende est prononcée et recouvrée comme en matière de police municipale.

Art. 13. Dans tous les cas où les gardes nationales sont de service avec les corps soldés, elles prennent le rang sur eux.

Art. 14. Les dépenses de la garde nationale sont votées, réglées et surveillées comme toutes les autres dépenses municipales.

Art. 15. Les dépenses de la garde nationale sont obligatoires ou facultatives.

Les dépenses obligatoires sont :

1° Les frais d'achat de drapeaux, tambours et trompettes ;

2° Les réparations, l'entretien et le prix des armes, sauf recours contre les gardes nationaux, aux termes de l'article 13 ;

3° Le loyer, l'entretien, le chauffage, l'éclairage et le mobilier des corps de garde ;

4° Les frais de registres, papiers, contrôles, billets de garde, et tous les menus frais de bureaux qu'exige le service de la garde nationale ;

5° La solde des majors et adjudants-majors ;

6° La solde et l'habillement des tambours et trompettes.

Toutes autres dépenses sont facultatives.

Art. 16. Lorsqu'il est créé des bataillons cantonaux, la répartition de la portion afférente à chaque commune du canton dans les dépenses obligatoires du bataillon, autres que celles des compagnies, est faite par le préfet, en conseil de préfecture, après avoir pris l'avis des conseils municipaux.

Cette répartition a lieu proportionnellement à la population de chaque commune et à son contingent dans le principal des quatre contributions directes.

Art. 17. Il y a, dans chaque légion ou chaque bataillon formés par les gardes nationaux d'une même commune, un conseil d'administration chargé de présenter annuellement au maire l'état des dépenses nécessaires pour le service de la garde nationale, et de viser les pièces justificatives de l'emploi des fonds.

Il y a également, par bataillon cantonal, un conseil d'administration chargé des mêmes fonctions, et qui doit présenter au sous-préfet l'état des dépenses du bataillon.

La composition de ces conseils est déterminée par un règlement d'administration publique.

Art. 18. Dans le département de la Seine, il y a un conseil d'administration par un nombre de bataillons qui sera déterminé ultérieurement par le ministre de l'intérieur il est composé ainsi que suit :

Un chef de bataillon, président ;

Un officier par bataillon.

Le major attaché à ces bataillons sera rapporteur du conseil ;

Un secrétaire, chargé, en outre, des écritures pour les conseils de discipline.

Il est nommé un officier payeur pour ce même nombre de bataillons.

Art. 19. Le règlement relatif au service ordinaire, aux revues, exercices et prises d'armes, est arrêté :

Pour le département de la Seine, par le ministre de l'intérieur, sur la proposition du commandant supérieur.

Pour les villes et communes des autres départements, par le maire, sur la proposition du commandant de la garde nationale, et sous l'approbation du sous-préfet.

Les chefs pourront, en se conformant à ce règlement, et sans réquisition particulière, mais après en avoir prévenu l'autorité municipale, faire toutes les dispositions et donner tous les ordres relatifs au service ordinaire, aux revues et aux exercices.

Dans les villes de guerre, la garde nationale ne peut prendre les armes ni sortir des barrières qu'après que le maire en a informé par écrit le commandant de la place.

Le tout, sans préjudice de ce qui est réglé par les lois spéciales à l'état de guerre et à l'état de siége dans les places.

Art. 20. Lorsque la garde nationale est organisée en bataillons cantonaux et en légions, le règlement sur les exercices est arrêté par le sous-préfet, de l'avis des maires des communes et sur la proposition du commandant, pour chaque bataillon isolé, et du chef de légion pour les bataillons réunis en légion.

Art. 21. Le préfet peut suspendre les revues et exercices dans les communes et dans les cantons, à la charge d'en rendre immédiatement compte au ministre de l'intérieur.

Art. 22. Tout garde national commandé pour le service doit obéir, sauf à réclamer ensuite, s'il s'y croit fondé, devant le chef de corps.

Art. 23. Le titre IV de la loi du 13 juin 1851, intitulé

Discipline, est maintenu jusques et y compris l'article 118 de la même loi.

Sont abrogées toutes les lois antérieures au présent décret, ainsi que toutes les dispositions relatives au service et à l'administration de la garde nationale qui y seraient contraires.

Fait au palais des Tuileries, le 11 janvier 1852.

LOUIS-NAPOLÉON.

Le ministre de l'intérieur,

A. DE MORNY.

AU NOM DU PEUPLE FRANÇAIS.

Le Président de la République,
Sur le rapport du ministre de l'intérieur,
Décrète :
Art. 1er. Le général de division de Lawœstine est nommé commandant supérieur des gardes nationales du département de la Seine.
Art. 2. Le ministre de l'intérieur est chargé de l'exécution du présent décret.
Fait à Paris, au palais des Tuileries, le 11 janvier 1852.

LOUIS-NAPOLÉON.

Le ministre de l'intérieur,

A. DE MORNY.

AU NOM DU PEUPLE FRANÇAIS.

Le Président de la République,
Sur le rapport du ministre de l'intérieur,

4.

Décrète :

Art. 1er. M. Vieyra est nommé colonel chef d'état-major général des gardes nationales du département de la Seine.

Art. 2. Le ministre de l'intérieur est chargé de l'exécution du présent décret.

Fait à Paris, au palais des Tuileries, le 11 janvier 1852.

Louis-Napoléon.

Le ministre de l'intérieur,

   A. DE MORNY.

LOUIS-NAPOLÉON,

PRÉSIDENT DE LA RÉPUBLIQUE.

AU NOM DU PEUPLE FRANÇAIS.

Français !

Lorsque, dans ma proclamation du 2 décembre, je vous exprimai loyalement quelles étaient, à mon sens, les conditions vitales du pouvoir en France, je n'avais pas la prétention, si commune de nos jours, de substituer une théorie personnelle à l'expérience des siècles. J'ai cherché, au contraire, quels étaient dans le passé les exemples les meilleurs à suivre, quels hommes les avaient donnés, et quel bien en était résulté.

Dès lors, j'ai cru logique de préférer les préceptes du génie aux doctrines spécieuses d'hommes à idées abstraites. J'ai pris comme modèle les institutions politiques qui déjà, au commencement de ce siècle, dans des circonstances analogues, ont raffermi la société ébranlée et élevé la France à un haut degré de prospérité et de grandeur.

J'ai pris comme modèle les institutions qui, au lieu de disparaître au premier souffle des agitations populaires, n'ont été renversées que par l'Europe entière coalisée contre nous.

En un mot, je me suis dit : Puisque la France ne marche depuis cinquante ans qu'en vertu de l'organisation administrative, militaire, judiciaire, religieuse, financière du Consulat et de l'Empire, pourquoi n'adopterions-nous pas aussi les institutions politiques de cette époque? Créées par la même pensée, elles doivent porter en elles le même caractère de nationalité et d'utilité pratique.

En effet, ainsi que je l'ai rappelé dans ma proclamation, notre société actuelle, il est essentiel de le constater, n'est pas autre chose que la France régénérée par la révolution de 89 et organisée par l'empereur. Il ne reste plus rien de l'ancien régime que de grands souvenirs et de grands bienfaits. Mais tout ce qui alors était organisé a été détruit par la révolution, et tout ce qui a été organisé depuis la révolution et qui existe encore l'a été par Napoléon.

Nous n'avons plus ni provinces, ni pays d'états, ni parlements, ni intendants, ni fermiers généraux, ni coutumes diverses, ni droits féodaux, ni classes privilégiées en possession exclusive des emplois civils et militaires, ni juridictions religieuses différentes.

A tant de choses incompatibles avec elle, la révolution avait fait subir une réforme radicale, mais elle n'avait rien fondé de définitif. Seul, le premier consul rétablit l'unité, la hiérarchie et les véritables principes du gouvernement. Ils sont encore en vigueur.

Ainsi l'administration de la France, confiée à des préfets, à des sous-préfets, à des maires, qui substituaient l'unité aux commissions directoriales; la décision des affaires, au contraire, donnée à des conseils, depuis la commune jusqu'au département. Ainsi, la magistrature affermie par l'inamovibilité des juges, par la hiérarchie des tribunaux; la justice rendue plus facile par la déli-mitation des attributions, depuis la justice de paix jus-qu'à la cour de cassation. Tout est encore debout.

De même, notre admirable système financier, la Banque de France, l'établissement des budgets, la cour des comptes, l'organisation de la police, nos règlements militaires datent de cette époque.

Depuis cinquante ans c'est le code Napoléon qui règle les intérêts des citoyens entre eux; c'est encore le con-cordat qui règle les rapports de l'Etat avec l'Eglise.

Enfin, la plupart des mesures qui concernent les pro-grès de l'industrie, du commerce, des lettres, des sciences, des arts, depuis les règlements du Théâtre-Français jusqu'à ceux de l'Institut, depuis l'institution des prud'hommes jusqu'à la création de la Légion d'hon-neur, ont été fixées par les décrets de ce temps.

On peut donc l'affirmer, la charpente de notre édifice social est l'œuvre de l'empereur, et elle a **résisté** à sa chute et à trois révolutions.

Pourquoi, avec la même origine, les institutions po-litiques n'auraient-elles pas les mêmes chances de durée?

Ma conviction était formée depuis longtemps, et c'est pour cela que j'ai soumis à votre jugement les bases prin-cipales d'une constitution empruntée à celle de l'an VIII. Approuvées par vous, elles vont devenir le fondement de notre constitution politique.

Examinons quel en est l'esprit :

Dans notre pays, monarchique depuis huit cents ans, le pouvoir central a toujours été en s'augmentant. La royauté a détruit les grands vassaux; les révolutions elles-mêmes ont fait disparaître les obstacles qui s'oppo-saient à l'exercice rapide et uniforme de l'autorité. Dans ce pays de centralisation, l'opinion publique a sans cesse tout rapporté au chef du gouvernement, le bien comme le mal. Aussi, écrire en tête d'une charte que ce chef est irresponsable, c'est mentir au sentiment public, c'est vouloir établir une fiction qui s'est trois fois évanouie au bruit des révolutions.

La constitution actuelle proclame, au contraire, que le chef que vous avez élu est responsable devant vous ; qu'il a toujours le droit de faire appel à votre jugement souverain, afin que, dans les circonstances solennelles, vous puissiez lui continuer ou lui retirer votre confiance.

Étant responsable, il faut que son action soit libre et sans entraves. De là l'obligation d'avoir des ministres qui soient les auxiliaires honorés et puissants de sa pensée, mais qui ne forment plus un conseil responsable, composé de membres solidaires, obstacle journalier à l'impulsion particulière du chef de l'État, expression d'une politique émanée des Chambres, et par là même exposée à des changements fréquents qui empêchent tout esprit de suite, toute application d'un système régulier.

Néanmoins, plus un homme est haut placé, plus il est indépendant, plus la confiance que le peuple a mise en lui est grande, plus il a besoin de conseils éclairés, consciencieux. De là la création d'un conseil d'État, désormais véritable conseil du gouvernement, premier rouage de notre organisation nouvelle, réunion d'hommes pratiques élaborant des projets de loi dans des commissions spéciales, les discutant à huis clos, sans ostentation oratoire, en assemblée générale, et les présentant ensuite à l'acceptation du corps législatif.

Ainsi le pouvoir est libre dans ses mouvements, éclairé dans sa marche.

Quel sera maintenant le contrôle exercé par les assemblées ?

Une chambre qui prend le titre de corps législatif, vote les lois et l'impôt. Elle est élue par le suffrage universel, sans scrutin de liste. Le peuple, choisissant isolément chaque candidat, peut plus facilement apprécier le mérite de chacun d'eux,

La Chambre n'est plus composée que d'environ deux cent soixante membres. C'est là une première garantie du calme des délibérations, car trop souvent on a vu dans les assemblées la mobilité et l'ardeur des passions croître en raison du nombre.

Le compte rendu des séances qui doit instruire la nation n'est plus livré, comme autrefois, à l'esprit de parti de chaque journal; une publication officielle, rédigée par les soins du président de la Chambre, en est seule permise.

Le corps législatif discute librement la loi, l'adopte ou la repousse; mais il n'y introduit pas à l'improviste de ces amendements qui dérangent souvent toute l'économie d'un système et l'ensemble du projet primitif. A plus forte raison n'a-t-il pas cette initiative parlementaire qui était la source de si graves abus, et qui permettait à chaque député de se substituer à tout propos au gouvernement en présentant les projets les moins étudiés, les moins approfondis.

La Chambre n'étant plus en présence des ministres, et les projets de loi étant soutenus par les orateurs du conseil d'Etat, le temps ne se perd pas en vaines interpellations, en accusations frivoles, en luttes passionnées dont l'unique but était de renverser les ministres pour les remplacer.

Ainsi donc, les délibérations du corps législatif seront indépendantes; mais les causes d'agitations stériles auront été supprimées, des lenteurs salutaires apportées à toute modification de la loi. Les mandataires de la nation feront mûrement les choses sérieuses.

Une autre assemblée prend le nom de sénat. Elle sera composée des éléments qui, dans tout pays, créent les influences légitimes : le nom illustre, la fortune, le talent et les services rendus.

Le sénat n'est plus, comme la Chambre des pairs, le pâle reflet de la Chambre des députés, répétant à quelques jours d'intervalle les mêmes discussions sur un autre ton. Il est le dépositaire du pacte fondamental et des libertés compatibles avec la Constitution; et c'est uniquement sous le rapport des grands principes sur lesquels repose notre société qu'il examine toutes les lois et qu'il en propose de nouvelles au pouvoir exécutif. Il intervient, soit pour résoudre toute difficulté grave qui pourrait s'élever pendant l'absence du corps législatif, soit pour expliquer le texte de la Constitution et assurer ce qui est nécessaire à sa marche. Il a le droit d'annuler tout acte arbitraire et illégal, et, jouissant ainsi de cette considération qui s'attache à un corps exclusivement occupé de l'examen de grands intérêts ou de l'application de grands principes, il remplit dans l'Etat le rôle indépendant, salutaire, conservateur, des anciens parlements.

Le sénat ne sera pas, comme la Chambre des pairs, transformé en cour de justice : il conservera son caractère de modérateur suprême, car la défaveur atteint toujours les corps politiques lorsque le sanctuaire des législateurs devient un tribunal criminel. L'impartialité du juge est trop souvent mise en doute, et il perd de son prestige devant l'opinion, qui va quelquefois jusqu'à l'accuser d'être l'instrument de la passion ou de la haine.

Une haute cour de justice, choisie dans la haute magistrature, ayant pour jurés des membres des conseils généraux de toute la France, réprimera seule les attentats contre le chef de l'Etat et la sûreté publique.

L'empereur disait au conseil d'Etat : *Une constitution est l'œuvre du temps; on ne saurait laisser une trop large voie aux améliorations.* Aussi la Constitution présente n'a-t-elle fixé que ce qu'il était impossible de laisser incertain. Elle n'a pas enfermé dans un cercle infranchissable les destinées d'un grand peuple; elle a laissé aux changements une assez large voie pour qu'il y ait, dans les grandes crises, d'autres moyens de salut que l'expédient désastreux des révolutions.

Le sénat peut, de concert avec le gouvernement, modifier tout ce qui n'est pas fondamental dans la Constitution ; mais, quant aux modifications à apporter aux bases premières, sanctionnées par vos suffrages, elles ne peuvent devenir définitives qu'après avoir reçu votre ratification.

Ainsi, le peuple reste toujours maître de sa destinée. Rien de fondamental ne se fait en dehors de sa volonté.

Telles sont les idées, tels sont les principes dont vous m'avez autorisé à faire l'application. Puisse cette Constitution donner à notre patrie des jours calmes et prospères ! Puisse-t-elle prévenir le retour de ces luttes intestines où la victoire, quelque légitime qu'elle soit, est toujours chèrement achetée ! Puisse la sanction que vous avez donnée à mes efforts être bénie du ciel ! Alors la paix sera assurée au dedans et au dehors, mes vœux seront comblés, ma mission sera accomplie !

Palais des Tuileries, le 14 janvier 1852.

LOUIS-NAPOLÉON BONAPARTE.

CONSTITUTION

FAITE EN VERTU DES POUVOIRS DÉLÉGUÉS PAR LE PEUPLE FRANÇAIS A LOUIS-NAPOLÉON BONAPARTE, PAR LE VOTE DES 20 ET 21 DÉCEMBRE 1851.

Le Président de la République,

Considérant que le Peuple français a été appelé à se prononcer sur la résolution suivante :

« Le Peuple veut le maintien de l'autorité de Louis-Napoléon Bonaparte, et lui donne les pouvoirs néces-

saires pour faire une Constitution d'après les bases éta-
blies dans sa proclamation du 2 décembre ; »

Considérant que les bases proposées à l'acceptation du
Peuple étaient :

« 1° Un chef responsable nommé pour dix ans ;

« 2° Des ministres dépendants du pouvoir exécutif
seul ;

« 3° Un conseil d'État formé des hommes les plus dis-
tingués, préparant les lois et en soutenant la discussion
devant le corps législatif ;

« 4° Un corps législatif discutant et votant les lois,
nommé par le suffrage universel, sans scrutin de liste qui
fausse l'élection ;

« 5° Une seconde assemblée formée de toutes les il-
lustrations du pays, pouvoir pondérateur, gardien du
pacte fondamental et des libertés publiques ; »

Considérant que le Peuple a répondu affirmativement
par sept millions cinq cent mille suffrages,

PROMULGUE LA CONSTITUTION DONT LA TENEUR SUIT :

TITRE Ier.

Art. 1er. La Constitution reconnaît, confirme et garan-
tit les grands principes proclamés en 1789, et qui sont la
base du droit public des Français.

TITRE II.

FORMES DU GOUVERNEMENT DE LA RÉPUBLIQUE.

Art. 2. Le gouvernement de la République française
est confié pour dix ans au prince Louis-Napoléon Bonaparte, président actuel de la République.

Art. 3. Le président de la République gouverne au

5

moyen des ministres, du conseil d'État, du sénat et du corps législatif.

Art. 4. La puissance législative s'exerce collectivement par le président de la République, le sénat et le corps législatif.

TITRE III.

DU PRÉSIDENT DE LA RÉPUBLIQUE.

Art. 5. Le président de la République est responsable devant le Peuple français, auquel il a toujours le droit de faire appel.

Art. 6. Le président de la République est le chef de l'État ; il commande les forces de terre et de mer, déclare la guerre, fait les traités de paix, d'alliance et de commerce, nomme à tous les emplois, fait les règlements et décrets nécessaires pour l'exécution des lois.

Art. 7. La justice se rend en son nom.

Art. 8. Il a seul l'initiative des lois.

Art. 9. Il a le droit de faire grâce.

Art. 10. Il sanctionne et promulgue les lois et les sénatus-consultes.

Art. 11. Il présente, tous les ans, au sénat et au corps législatif, par un message, l'état des affaires de la République.

Art. 12. Il a le droit de déclarer l'état de siége dans un ou plusieurs départements, sauf à en référer au sénat dans le plus bref délai.

Les conséquences de l'état de siége sont réglées par la loi.

Art. 13. Les ministres ne dépendent que du chef de l'État ; ils ne sont responsables que chacun en ce qui le concerne des actes du gouvernement ; il n'y a point de solidarité entre eux ; ils ne peuvent être mis en accusation que par le sénat.

Art. 14. Les ministres, les membres du sénat, du corps législatif et du conseil d'État, les officiers de terre et de mer, les magistrats et les fonctionnaires publics, prêtent le serment ainsi conçu :

Je jure obéissance à la Constitution et fidélité au président.

Art. 15. Un sénatus-consulte fixe la somme allouée annuellement au président de la République pour toute la durée de ses fonctions.

Art. 16. Si le président de la République meurt avant l'expiration de son mandat, le sénat convoque la nation pour procéder à une nouvelle élection.

Art. 17. Le chef de l'État a le droit, par un acte secret et déposé aux archives du sénat, de désigner au Peuple le nom du citoyen qu'il recommande, dans l'intérêt de la France, à la confiance du Peuple et à ses suffrages.

Art. 18. Jusqu'à l'élection du nouveau président de la République, le président du sénat gouverne avec le concours des ministres en fonctions, qui se forment en conseil de gouvernement, et délibèrent à la majorité des voix.

TITRE IV.

DU SÉNAT.

Art. 19. Le nombre des sénateurs ne pourra excéder cent cinquante : il est fixé pour la première année à quatre-vingts.

Art. 20. Le sénat se compose :

1° Des cardinaux, des maréchaux, des amiraux ;

2° Des citoyens que le président de la République juge convenable d'élever à la dignité de sénateur.

Art. 21. Les sénateurs sont inamovibles et à vie.

Art. 22. Les fonctions de sénateur sont gratuites ; néanmoins, le président de la République pourra accorder à des sénateurs, en raison de services rendus et de leur position de fortune, une dotation personnelle qui ne pourra excéder trente mille francs par an.

Art. 23. Le président et les vice-présidents du sénat sont nommés par le président de la République et choisis parmi les sénateurs.

Ils sont nommés pour un an.

Le traitement du président du sénat est fixé par un décret.

Art. 24. Le président de la République convoque et proroge le sénat. Il fixe la durée de ses sessions par un décret.

Les séances du sénat ne sont pas publiques.

Art. 25. Le sénat est le gardien du pacte fondamental et des libertés publiques. Aucune loi ne peut être promulguée avant de lui avoir été soumise.

Art. 26. Le sénat s'oppose à la promulgation :

1º Des lois qui seraient contraires ou qui porteraient atteinte à la Constitution, à la religion, à la morale, à la liberté des cultes, à la liberté individuelle, à l'égalité des citoyens devant la loi, à l'inviolabilité de la propriété et au principe de l'inamovibilité de la magistrature;

2º De celles qui pourraient compromettre la défense du territoire.

Art. 27. Le sénat règle par un sénatus-consulte :

1º La Constitution des colonies et de l'Algérie;

2º Tout ce qui n'a pas été prévu par la Constitution et qui est nécessaire à sa marche;

3º Le sens des articles de la Constitution qui donnent lieu à différentes interprétations.

Art. 28. Ces sénatus-consultes seront soumis à la sanction du président de la République, et promulgués par lui.

Art. 29. Le sénat maintient ou annule tous les actes qui lui sont déférés comme inconstitutionnels par le gouvernement, ou dénoncés pour la même cause par les pétitions des citoyens.

Art. 30. Le sénat peut, dans un rapport adressé au président de la République, poser les bases des projets de loi d'un grand intérêt national.

Art. 31. Il peut également proposer des modifications à la Constitution. Si la proposition est adoptée par le pouvoir exécutif, il y est statué par un sénatus-consulte.

Art. 32. Néanmoins, sera soumise au suffrage universel toute modification aux bases fondamentales de la Constitution, telles qu'elles ont été posées dans la proclamation du 2 décembre et adoptées par le Peuple français.

Art. 33. En cas de dissolution du corps législatif, et jusqu'à une nouvelle convocation, le sénat, sur la proposition du président de la Républipue, pourvoit, par des mesures d'urgence, à tout ce qui est nécessaire à la marche du gouvernement.

TITRE V.

DU CORPS LÉGISLATIF.

Art. 34. L'élection a pour base la population.

Art. 35. Il y aura un député au corps législatif à raison de trente-cinq mille électeurs.

Art. 36. Les députés sont élus par le suffrage universel, sans scrutin de liste.

Art. 37. Ils ne reçoivent aucun traitement.

Art. 38. Ils sont nommés pour six ans.

Art. 39. Le corps législatif discute et vote les projets de loi et l'impôt.

Art. 40. Tout amendement adopté par la commission chargée d'examiner un projet de loi sera renvoyé, sans discussion, au conseil d'Etat par le président du corps législatif.

Si l'amendement n'est pas adopté par le conseil d'État, il ne pourra pas être soumis à la délibération du corps législatif.

Art. 41. Les sessions ordinaires du corps législatif durent trois mois; ses séances sont publiques ; mais la demande de cinq membres suffit pour qu'il se forme en comité secret.

Art. 42. Le compte rendu des séances du corps législatif par les journaux ou tout autre moyen de publication ne consistera que dans la reproduction du procès-verbal dressé à l'issue de chaque séance par les soins du président du corps législatif.

Art. 43. Le président et les vice-présidents du corps législatif sont nommés par le président de la République pour un an ; ils sont choisis parmi les députés. Le traitement du président du corps législatif est fixé par un décret.

Art. 44. Les ministres ne peuvent être membres du corps législatif.

Art. 45. Le droit de pétition s'exerce auprès du sénat. Aucune pétition ne peut être adressée au corps législatif.

Art. 46. Le président de la République convoque, ajourne, proroge et dissout le corps législatif. En cas de dissolution, le président de la République doit en convoquer un nouveau dans le délai de six mois.

TITRE VI.

DU CONSEIL D'ÉTAT.

Art. 47. Le nombre des conseillers d'État en service ordinaire est de quarante à cinquante.

Art. 48. Les conseillers d'État sont nommés par le président de la République, et révocables par lui.

Art. 49. Le conseil d'État est présidé par le président de la République, et, en son absence, par la personne qu'il désigne comme vice-président du conseil d'État.

Art. 50. Le conseil d'État est chargé, sous la direction du président de la République, de rédiger les projets de loi et les règlements d'administration publique, et de résoudre les difficultés qui s'élèvent en matière d'administration.

Art. 51. Il soutient, au nom du gouvernement, la discussion des projets de loi devant le sénat et le corps législatif.

Les conseillers d'État chargés de porter la parole au nom du gouvernement sont désignés par le président de la République.

Art. 52. Le traitement de chaque conseiller d'État est de vingt-cinq mille francs.

Art. 53. Les ministres ont rang, séance et voix délibérative au conseil d'État.

TITRE VII.

DE LA HAUTE COUR DE JUSTICE.

Art. 54. Une haute cour de justice juge, sans appel ni recours en cassation, toutes personnes qui auront été renvoyées devant elle comme prévenues de crimes, attentats ou complots contre le président de la République et contre la sûreté intérieure ou extérieure de l'État.

Elle ne peut être saisie qu'en vertu d'un décret du président de la République.

Art. 55. Un sénatus-consulte déterminera l'organisation de cette haute cour.

TITRE VIII.

DISPOSITIONS GÉNÉRALES ET TRANSITOIRES.

Art. 56. Les dispositions des codes, lois et règlements existants, qui ne sont pas contraires à la présente Constitution, restent en vigueur jusqu'à ce qu'il y soit légalement dérogé.

Art. 57. Une loi déterminera l'organisation municipale. Les maires seront nommés par le pouvoir exécutif, et pourront être pris hors du conseil municipal.

Art. 58. La présente Constitution sera en vigueur à dater du jour où les grands corps de l'Etat qu'elle organise seront constitués.

Les décrets rendus par le président de la République, à partir du 2 décembre jusqu'à cette époque, auront force de loi.

Fait au palais des Tuileries, le 14 janvier 1852.

LOUIS-NAPOLÉON.

Vu et scellé du grand sceau :

Le garde des sceaux ministre
de la justice,

E. ROUHER.

LE PRÉSIDENT DE LA RÉPUBLIQUE,

Considérant que tous les gouvernements qui se sont succédé ont jugé indispensable d'obliger la famille qui cessait de régner à vendre les biens meubles et immeubles qu'elle possédait en France ;

Qu'ainsi, le 12 janvier 1816, Louis XVIII contraignit les membres de la famille de l'empereur Napoléon de vendre leurs biens personnels dans le délai de six mois, et que, le 10 avril 1832, Louis-Philippe en agit de même à l'égard des princes de la famille aînée des Bourbons ;

Considérant que de pareilles mesures sont toujours d'ordre et d'intérêt publics ;

Qu'aujourd'hui plus que jamais de hautes considérations politiques commandent impérieusement de diminuer l'influence que donne à la famille d'Orléans la possession de près de trois cents millions d'immeubles en France ;

Décrète :

Art. 1er. Les membres, de la famille d'Orléans, leurs époux, épouses et leurs descendants, ne pourront posséder aucuns meubles et immeubles en France : ils seront tenus de vendre, d'une manière définitive, tous les biens qui leur appartiennent dans l'étendue du territoire de la République.

Art. 2. Cette vente sera effectuée dans le délai d'un an, à partir, pour les biens libres, du jour de la promulgation du présent décret, et, pour les biens susceptibles de liquidation ou discussion, à partir de l'époque à laquelle la propriété en aura été irrévocablement fixée sur leur tête.

Art. 3. Faute d'avoir effectué la vente dans les délais ci-dessus, il y sera procédé à la diligence de l'administration des domaines, dans la forme prescrite par la loi du 10 avril 1832.

Le prix des ventes sera remis aux propriétaires ou à tous autres ayants droit.

Fait au palais des Tuileries, le 22 janvier 1852.

LOUIS-NAPOLÉON.

Par le président :

Le ministre d'État,

X. DE CASABIANCA.

LE PRÉSIDENT DE LA RÉPUBLIQUE,

Considérant que, sans vouloir porter atteinte au droit de propriété dans la personne des princes de la famille d'Orléans, le Président de la République ne justifierait pas la confiance du Peuple français s'il permettait que des biens qui doivent appartenir à la nation fussent soustraits au domaine de l'État;

5.

Considérant que, d'après l'ancien droit public de la France, maintenu par le décret du 21 septembre 1790 et par la loi du 8 novembre 1814, tous les biens qui appartenaient aux princes lors de leur avénement au trône étaient de plein droit et à l'instant même réunis au domaine de la couronne;

Qu'ainsi le décret du 21 septembre 1790, de même que la loi du 8 novembre 1814, portent :

« Les biens particuliers du prince qui parvient au trône, « et ceux qu'il avait pendant son règne, à quelque titre « que ce soit, sont de plein droit et à l'instant même unis « au domaine de la nation, et l'effet de cette union est « perpétuel et irrévocable. »

Que la consécration de ce principe remonte à des époques fort reculées de la monarchie; qu'on peut entre autres citer l'exemple de Henri IV. Ce prince ayant voulu empêcher, par les lettres patentes du 15 avril 1590, la réunion de ses biens au domaine de la couronne, le parlement de Paris refusa d'enregistrer ces lettres patentes aux termes d'un arrêt du 15 juillet 1591, et Henri IV, applaudissant plus tard à cette fermeté, rendit, au mois de juillet 1607, un édit qui révoquait ses premières lettres patentes ;

Considérant que cette règle fondamentale de la monarchie a été appliquée sous les règnes de Louis XVIII et de Charles X, et reproduite dans la loi du 15 janvier 1825;

Qu'aucun acte législatif ne l'avait révoquée le 9 août 1830, lorsque Louis-Philippe a accepté la couronne; qu'ainsi, par le seul fait de cette acceptation, tous les biens qu'il possédait à cette époque sont devenus la propriété incontestable de l'Etat;

Considérant que la donation universelle sous réserve d'usufruit, consentie par Louis-Philippe au profit de ses enfants, à l'exclusion de l'aîné de ses fils, le 7 août 1830, le jour même où la royauté lui avait été déférée, et avant son acceptation, qui eut lieu le 9 du même mois, a eu uniquement pour but d'empêcher la réunion au domaine de l'Etat des biens considérables possédés par le prince appelé au trône;

Que, plus tard, lorsqu'il fut connu, cet acte souleva la conscience publique;

Que si l'annulation n'en fut pas prononcée, c'est qu'il n'existait pas, comme sous l'ancienne monarchie, une autorité compétente pour réprimer la violation des principes du droit public, dont la garde était anciennement confiée aux parlements;

Qu'en se réservant l'usufruit des biens compris dans la donation, Louis-Philippe ne se dépouillait de rien et voulait seulement assurer à sa famille un patrimoine devenu celui de l'Etat;

Que la donation elle-même, non moins que l'exclusion du fils aîné, dans la prévoyance de l'avénement au trône de ce fils, était de la part du roi Louis-Philippe la reconnaissance la plus formelle de cette règle fondamentale, puisqu'il fallait tant de précautions pour l'éluder;

Qu'on exciperait vainement de ce que l'union au domaine public des biens du prince ne devait résulter que de l'acceptation de la couronne par celui-ci, et de ce que cette acceptation n'ayant eu lieu que le 9 août, la donation consentie le 7 du même mois avait dû produire son effet;

Considérant qu'à cette dernière date Louis-Philippe n'était plus une *personne privée*, puisque les deux Chambres l'avaient déclaré roi des Français, sous la seule condition de prêter serment à la charte;

Que, par suite de son acceptation, il était roi dès le 7 août, puisque ce jour-là la volonté nationale s'était manifestée par l'organe des deux Chambres, et que la fraude à une loi d'ordre public n'existe pas moins lorsqu'elle est concertée en vue d'un fait certain qui doit immédiatement se réaliser;

Considérant que les biens compris dans la donation du

7 août, se trouvant irrévocablement incorporés au domaine de l'Etat, n'ont pu en être distraits par les dispositions de l'art. 22 de la loi du 2 mars 1832;

Que ce serait, contrairement à tous les principes, attribuer un effet rétroactif à cette loi que de lui faire valider un acte radicalement nul, d'après la législation existante à l'époque où cet acte a été consommé;

Que, d'ailleurs, cette loi, dictée dans un intérêt privé par les entraînements d'une politique de circonstance, ne saurait prévaloir contre les droits permanents de l'Etat et les règles immuables du droit public;

Considérant, en outre, que les droits de l'Etat ainsi revendiqués, il reste encore à la famille d'Orléans *plus de cent millions* avec lesquels elle peut soutenir son rang à l'étranger;

Considérant aussi qu'il est convenable de continuer l'allocation annuelle de 300,000 fr. portée au budget pour le douaire de la duchesse d'Orléans;

Décrète:

Art. 1er. Les biens, meubles et immeubles, qui sont l'objet de la donation faite le 7 août 1830 par le roi Louis-Philippe, sont restitués au domaine de l'Etat;

Art. 2. L'Etat demeure chargé du payement des dettes de la liste civile du dernier règne.

Art. 3. Le douaire de 300,000 fr. alloué à la duchesse d'Orléans est maintenu.

Art. 4. Les biens faisant retour à l'Etat, en vertu de l'art. 1er, seront rendus en partie à la diligence de l'administration des domaines, pour le produit en être réparti ainsi qu'il suit:

Art. 5. Dix millions sont alloués aux sociétés de secours mutuels autorisées par la loi du 15 juillet 1850.

Art. 6. Dix millions seront employés à améliorer les logements des ouvriers dans les grandes villes manufacturières.

Art. 7. Dix millions seront affectés à l'établissement

d'institutions de crédit foncier dans les départements qui réclameront cette mesure en se soumettant aux conditions jugées nécessaires.

Art. 8. Cinq millions serviront à établir une caisse de retraite au profit des desservants pauvres.

Art. 9. Le surplus des biens énoncés dans l'art. 1er sera réuni à la dotation de la Légion d'honneur, pour le revenu en être affecté aux destinations suivantes, sauf, en cas d'insuffisance, à y être pourvu par les ressources du budget.

Art. 10. Tous les officiers, sous-officiers et soldats de terre et de mer en activité de service, qui seront à l'avenir nommés ou promus dans l'ordre national de la Légion d'honneur, recevront, selon leur grade dans la légion, l'allocation annuelle suivante :

Les légionnaires (comme par le passé). .	250
Les officiers.	500
Les commandeurs.	1,000
Les grands officiers.	2,000
Les grands-croix.	5,000

Art. 11. Il est créé une médaille militaire donnant droit à cent francs de rente viagère en faveur des soldats et sous-officiers de l'armée de terre et de mer placés dans les conditions qui seront fixées par un règlement ultérieur.

Art. 12. Un château national servira de maison d'éducation aux filles ou orphelines indigentes des familles dont les chefs auraient obtenu cette médaille.

Art. 13. Le château de Saverne sera restauré et achevé pour servir d'asile aux veuves des hauts fonctionnaires civils et militaires morts au service de l'Etat.

Art. 14. En considération des présentes, le président de la République renonce à toute réclamation au sujet des confiscations prononcées en 1814 et en 1815 contre la famille Bonaparte.

Art. 15. Les ministres sont chargés, chacun en ce qui le concerne, de l'exécution du présent décret.

Fait au palais des Tuileries, le 22 janvier 1852.

LOUIS-NAPOLÉON.

Par le président :

Le ministre d'Etat,

X. DE CASABIANCA.

LOUIS-NAPOLÉON,

PRÉSIDENT DE LA RÉPUBLIQUE,

Décrète :

Il est institué un ministre d'Etat qui aura les attributions suivantes :

Les rapports du gouvernement avec le sénat et le corps législatif et le conseil d'Etat ;

La correspondance du président avec les divers ministères ;

Le contre-seing des décrets portant nomination des ministres, nomination des présidents du sénat et du corps législatif, nomination des sénateurs et concession des dotations qui peuvent leur être attribuées, nomination des membres du conseil d'Etat ;

Le contre-seing des décrets rendus par le président en exécution des pouvoirs qui lui appartiennent, conformément aux articles 24, 28, 51, 46 et 54 de la Constitution, et de ceux concernant les matières qui ne sont spécialement attribuées à aucun département ministériel ;

La rédaction et la conservation des procès-verbaux du conseil des ministres ;

La direction exclusive de la partie officielle du *Moniteur ;*

L'administration des palais nationaux et des manufactures nationales.

Fait au palais des Tuileries, le 22 janvier 1852.

Louis-Napoléon.

LOUIS-NAPOLÉON,

PRÉSIDENT DE LA RÉPUBLIQUE,

Décrète :

M. de Casabianca, ancien ministre des finances, est nommé ministre d'Etat.

Fait au palais des Tuileries, le 22 janvier 1852.

Louis-Napoléon.

Par le président :

Le ministre d'État,

    X. de Casabianca.

LOUIS-NAPOLÉON,

PRÉSIDENT DE LA RÉPUBLIQUE.

Décrète :

Art. 1er. Il est créé un ministère sous le nom de *ministère de la police générale.*

Art. 2. Le ministre de la police aura les attributions suivantes :

L'exécution des lois relatives à la police générale, à la sûreté et à la tranquillité intérieure de la République ;

Le service de la garde nationale, de la garde républicaine, de la gendarmerie, pour tout ce qui est relatif au maintien de l'ordre public ;

La surveillance des journaux, des pièces de théâtre et des publications de toute nature ;

La police des prisons, maisons d'arrêt, de justice et de réclusion ;

Le personnel des préfets de police de Paris et des départements, des agents de toute sorte de la police générale ;

La police commerciale, sanitaire et industrielle ;

La répression de la mendicité et du vagabondage ;

Art. 3. Le ministère de la police aura la correspondance avec les diverses autorités constituées, pour ce qui concerne la sûreté de la République.

Art. 4. Un décret ultérieur réglera l'organisation centrale et les services actifs du nouveau ministère.

Art. 5. Les ministres seront chargés, chacun en ce qui le concerne, de l'exécution du présent décret.

Fait au palais des Tuileries, le 22 janvier 1852.

LOUIS-NAPOLÉON.

Par le président de la République :

Le ministre d'État,

X. DE CASABIANCA.

AU NOM DU PEUPLE FRANÇAIS.

Louis-Napoléon, Président de la République,

Sur le rapport du garde des sceaux, ministre de la justice,

Décrète :

Art. 1er. Le décret du gouvernement provisoire, en date du 29 février 1848, concernant les anciens titres de noblesse, est abrogé.

Art. 2. Le garde des sceaux, ministre de la justice, est chargé de l'exécution du présent décret.

Fait au palais des Tuileries, le 24 janvier 1852.

LOUIS-NAPOLÉON.

Le garde des sceaux, ministre

de la justice,

ABBATUCCI.

NOMINATION DES MEMBRES DU SÉNAT.

Louis-Napoléon, Président de la République,

Décrète :

MM.

Le général de division Achard, ancien membre de l'Assemblée législative ;

Le comte d'Argout, ancien ministre des finances, gouverneur de la Banque de France ;

Le marquis d'Audiffret, président à la cour des comptes ;

Le général de division de Bar, ancien membre de l'assemblée législative ;

Le général de division Baraguey d'Hilliers, ancien ambassadeur, ancien membre de l'assemblée législative ;

De Beaumont (de la Somme), ancien membre de l'assemblée législative ;

Le prince de Beauveau, ancien pair de France ;

Le marquis de Belbeuf, ancien premier président de la cour d'appel de Lyon ;

Berthier (Charles), prince de Wagram ;

Boulay (de la Meurthe), ancien vice-président de la République ;

Le comte de Breteuil, ancien pair de France ;

De Cambacérès aîné, ancien pair de France ;

Le comte de Castellane, général en chef de l'armée de Lyon ;

Le vice-amiral Casy, membre du conseil d'amirauté ;

Le comte de Caumont-Laforce ;

François Clary ;

Le marquis de Croï ;

Le baron de Crouseilhes, ancien ministre de l'instruction publique, ancien membre de l'assemblée législative ;

Le comte Curial, ancien membre de l'assemblée législative ;

Drouyn de l'Huys, ancien ministre des affaires étrangères, ancien membre de l'assemblée législative ;

Dumas, ancien ministre de l'agriculture et du commerce, membre de l'Institut ;

Dupin (Charles), membre de l'Institut, ancien membre de l'assemblée législative.

Elie de Beaumont, membre de l'Institut ;

Achille Fould, ancien ministre des finances, ancien membre de l'assemblée législative ;

Fouquier d'Hérouel, ancien membre de l'assemblée législative ;

Le baron de Fourment, ancien membre de l'assemblée législative ;

Gautier, ancien ministre des finances, régent de la Banque de France ;

Le comte Ernest de Girardin, ancien membre de l'assemblée législative;

Goulhot de Saint-Germain, ancien membre de l'assemblée législative;

Le marquis de la Grange (Gironde), ancien membre de l'assemblée législative;

Le général de division comte d'Hautpoul, ancien ministre de la guerre, ancien membre de l'assemblée législative;

Le vice-amiral Hugon;

Le général Husson, ancien membre de l'assemblée législative;

Lacrosse, ancien ministre des travaux publics, ancien membre de l'assemblée législative;

De Ladoucette, ancien membre de l'assemblée législative;

Le général de division la Hitte, ancien ministre des affaires étrangères, président du comité d'artillerie;

Le comte de Lariboissière, ancien membre de l'assemblée législative;

Le général de division comte de Lawoestine, commandant de la garde nationale de Paris;

Lebeuf, régent de la banque de France, ancien membre de l'assemblée législative;

Lemarrois, ancien membre de l'assemblée législative;

Le comte Lemercier (Louis), ancien père de France;

Le général de division Leroy de Saint-Arnaud, ministre de la guerre;

Leverrier, membre de l'Institut, ancien membre de l'assemblée législative;

Lezai de Marnezia, ancien pair de France;

Le général de division Magnan, général en chef de l'armée de Paris;

Manuel (de la Nièvre), ancien membre de l'assemblée législative;

Marchand (du Nord) ancien membre de l'assemblée législative ;

Meynard, président à la cour de cassation ;

Mimerel, ancien membre de l'assemblée législative ;

Le prince de la Moskowa, ancien membre de l'assemblée législative ;

Le prince Lucien Murat, ancien membre de l'assemblée législative ;

Le général de division Ordener ;

Le général de division comte d'Ornano, ancien membre de l'assemblée législative ;

Le général de division duc de Padoue, ancien membre de l'assemblée législative ;

Le vice-amiral Parceval-Deschênes ;

Le général de division Pelet, ancien membre de l'assemblée législative ;

Le duc de Plaisance, ancien pair de France ;

Poinsot, membre de l'Institut ;

Le marquis de Pontis, ancien pair de France ;

Le comte Portalis, premier président de la cour de cassation ;

Le général de division comte de Préval ;

Le général de division Regnault de Saint-Jean-d'Angely, ancien ministre de la guerre, ancien membre de l'assemblée législative ;

Le général de division duc de Saint-Simon, ancien pair de France ;

Sapey, ancien député, ancien conseiller-maître à la cour des comptes ;

Le général de division comte de Schramm, ancien ministre de la guerre, président du comité d'infanterie ;

De Ségur d'Aguesseau, ancien membre de l'assemblée égislative ;

Le comte Siméon, ancien membre de l'assemblée législative ;

Amédée Thayer, membre de la commission municipale de la Seine;

Thibeaudeau, ancien conseiller d'Etat de l'empire;

Troplong, premier président de la cour d'appel de Paris;

Le duc de Vicence;

Vieillard, ancien membre de l'assemblée législative;

Sont nommés membres du Sénat.

Fait au palais des Tuileries, le 26 janvier 1852.

LOUIS-NAPOLÉON.

Par le Président :

Le ministre d'Etat,

X. DE CASABIANCA.

DÉCRET ORGANIQUE POUR L'ÉLECTION DES DÉPUTÉS A L'ASSEMBLÉE LÉGISLATIVE.

AU NOM DU PEUPLE FRANÇAIS.

Louis-Napoléon, Président de la République,

Sur le rapport du ministre secrétaire d'Etat au département de l'intérieur,

Décrète :

TITRE Ier. — *Du corps législatif.*

Art. 1er. Chaque département aura un député à raison de trente-cinq mille électeurs; néanmoins, il est attribué un député de plus à chacun des départements dans lesquels le nombre excédant des électeurs s'élève à vingt-cinq mille. En conséquence, le nombre total des députés au prochain corps législatif est de deux cent soixante et un.

L'Algérie et les colonies ne nomment pas de députés au corps législatif.

Art. 2. Chaque département est divisé, par un décret du pouvoir exécutif, en circonscriptions électorales égales en nombre aux députés qui lui sont attribués par le tableau annexé à la présente loi.

Ce tableau sera révisé tous les cinq ans.

Chaque circonscription élit un seul député.

Art. 3. Le suffrage est direct et universel.

Le scrutin est secret.

Les électeurs se réunissent au chef-lieu de leur commune.

Chaque commune peut néanmoins être divisée, par arrêté du préfet, en autant de sections que le rend nécessaire le nombre des électeurs inscrits; l'arrêté pourra fixer le siége de ces sections hors du chef-lieu de la commune.

Art. 4. Les colléges électoraux sont convoqués par un décret du pouvoir exécutif. L'intervalle entre la promulgation du décret et l'ouverture des colléges électoraux est de vingt jours au moins.

Art. 5. Les opérations électorales seront vérifiées par le corps législatif, qui est seul juge de leur validité.

Art. 6. Nul n'est élu ni proclamé député au corps législatif, au premier tour de scrutin, s'il n'a réuni : 1° la majorité absolue des suffrages exprimés; 2° un nombre de voix égal au quart de celui des électeurs inscrits sur la totalité des listes de la circonscription électorale.

Au second tour de scrutin, l'élection a lieu à la majorité relative, quel que soit le nombre des votants; dans le cas où les candidats obtiendraient un nombre égal de suffrages, le plus âgé sera proclamé député.

Art. 7. Le député élu dans plusieurs circonscriptions électorales doit faire connaître son option au président du corps législatif dans les dix jours qui suivront la déclaration de la validité de ces élections.

Art. 8. En cas de vacance par option, décès, démission ou autrement, le collége électoral qui doit pourvoir à la vacance est réuni dans le délai de six mois.

Art. 9. Les députés ne pourront être recherchés, accusés ni jugés en aucun temps pour les opinions qu'ils auront émises dans le sein du corps législatif.

Art. 10. Aucune contrainte par corps ne peut être exercée contre un député durant la session et pendant les six semaines qui l'auront précédée ou suivie.

Art. 11. Aucun membre du corps législatif ne peut, pendant la durée de la session, être poursuivi ni arrêté en matière criminelle, sauf le cas de flagrant délit, qu'après que le corps législatif a autorisé la poursuite.

TITRE II. — *Des électeurs et des listes électorales.*

Art. 12. Sont électeurs, sans condition de cens, tous les Français âgés de vingt et un ans accomplis, jouissant de leurs droits civils et politiques.

Art. 13. La liste électorale est dressée, pour chaque commune, par le maire. Elle comprend, par ordre alphabétique :

1° Tous les électeurs habitant dans la commune depuis six mois au moins ;

2° Ceux qui, n'ayant pas atteint, lors de la formation de la liste, les conditions d'âge et d'habitation, doivent les acquérir avant la clôture définitive.

Art. 14. Les militaires en activité de service et les hommes retenus pour le service des ports ou de la flotte, en vertu de leur immatriculation sur les rôles de l'inscription maritime, seront portés sur les listes des communes où ils étaient domiciliés avant leur départ.

Ils ne pourront voter pour les députés au corps législatif que lorsqu'ils seront présents, au moment de l'élection, dans la commune où ils seront inscrits.

Art. 15. Ne doivent pas être inscrits sur les listes électorales :

1° Les individus privés de leurs droits civils et politiques par suite de condamnation, soit à des peines afflictives ou infamantes, soit à des peines infamantes seulement ;

2° Ceux auxquels les tribunaux, jugeant correctionnellement, ont interdit le droit de vote et d'élection, par application des lois qui autorisent cette interdiction ;

3° Les condamnés pour crime à l'emprisonnement, par application de l'art. 463 du Code pénal ;

4° Ceux qui ont été condamnés à trois mois de prison, par application des art. 318 et 423 du Code pénal ;

5° Les condamnés pour vol, escroquerie, abus de confiance, soustraction commise par dépositaires de deniers publics, ou attentats aux mœurs, prévus par les art. 330 et 334 du Code pénal, quelle que soit la durée de l'emprisonnement auquel ils ont été condamnés ;

6° Les individus qui, par application de l'art. 8 de la loi du 17 mai 1829 et de l'art. 5 du décret du 11 août 1848, auront été condamnés pour outrage à la morale publique et religieuse ou aux bonnes mœurs, et pour attaque contre le principe de la propriété et les droits de la famille ;

7° Les individus condamnés à plus de trois mois d'emprisonnement, en vertu des articles 51, 53, 34, 35, 56, 58, 39, 40, 41, 42, 45, 46 de la présente loi ;

8° Les notaires, greffiers et officiers ministériels destitués en vertu de jugements ou décisions judiciaires ;

9° Les condamnés pour vagabondage ou mendicité ;

10° Ceux qui auront été condamnés à trois mois de prison au moins, par application des articles 439, 443, 444, 445, 446, 447 et 452 du Code pénal ;

11° Ceux qui auront été déclarés coupables des délits

prévus par les articles 410 et 411 du Code pénal et par la loi du 21 mai 1836 portant prohibition des loteries ;

12° Les militaires condamnés au boulet ou aux travaux publics ;

13° Les individus condamnés à l'emprisonnement par application des articles 38, 41, 43 et 45 de la loi du 21 mars 1832 sur le recrutement de l'armée :

14° Les individus condamnés à l'emprisonnement par application de l'article 1er de la loi du 27 mars 1851 ;

15° Ceux qui ont été condamnés pour délit d'usure ;

16° Les interdits ;

17° Les faillis non réhabilités dont la faillite a été déclarée soit par les tribunaux français, soit par jugements rendus à l'étranger, mais exécutoires en France.

Art. 16. Les condamnés à plus d'un mois d'emprisonnement, pour rébellion, outrages et violences envers les dépositaires de l'autorité ou de la force publique, pour outrages publics envers un juré à raison de ses fonctions, ou envers un témoin à raison de sa déposition, pour délits prévus par la loi sur les attroupements et la loi sur les clubs, et pour infractions à la loi sur le colportage, ne pourront pas être inscrits sur la liste électorale pendant cinq ans, à dater de l'expiration de leur peine.

Art. 17. Les listes électorales qui ont servi au vote des 20 et 21 décembre 1851 sont déclarées valables jusqu'au 31 mars 1853.

Art. 18. Les listes électorales sont permanentes.

Elles sont l'objet d'une révision annuelle ;

Un décret du pouvoir exécutif déterminera les règles et les formes de cette opération.

Art. 19. Lors de la révision annuelle, et dans les délais qui seront réglés par les décrets du pouvoir exécutif, tout citoyen omis sur la liste pourra présenter sa réclamation à la mairie.

Tout électeur inscrit sur l'une des listes de la circon-

6

scription électorale pourra réclamer la radiation ou l'inscription d'un individu omis ou indûment inscrit.

Le même droit appartient aux préfets et aux sous-préfets.

Il sera ouvert, dans chaque mairie, un registre sur lequel les réclamations seront inscrites par ordre de date. Le maire devra donner récépissé de chaque réclamation.

L'électeur dont l'inscription aura été contestée en sera averti, sans frais, par le maire, et pourra présenter ses observations.

Art. 20. Les réclamations seront jugées par une commission composée, à Paris, du maire et de deux adjoints; partout ailleurs, du maire et de deux membres du conseil municipal désignés par le conseil.

Art. 21. Notification de la décision sera, dans les trois jours, faite aux parties intéressées, par le ministère d'un agent assermenté.

Elles pourront interjeter appel dans les cinq jours de la notification.

Art. 22. L'appel sera porté devant le juge de paix du canton ; il sera formé par simple déclaration au greffe; le juge de paix statuera dans les dix jours, sans frais ni forme de procédure, et sur simple avertissement, donné trois jours à l'avance à toutes les parties intéressées.

Toutefois, si la demande portée devant lui implique la solution préjudicielle d'une question d'état, il renverra préalablement les parties à se pourvoir devant les juges compétents, et fixera un bref délai, dans lequel la partie qui aura élevé la question préjudicielle devra justifier de ses diligences.

Il sera procédé, en ce cas, conformément aux articles 855, 856 et 858 du Code de procédure.

Art. 23. La décision du juge de paix est en dernier ressort, mais elle peut être déférée à la cour de cassation.

Le pourvoi n'est recevable que s'il est formé dans les dix jours de la notification de la décision.

Il n'est pas suspensif.

Il est formé par simple requête, dénoncée aux défendeurs dans les dix jours qui suivent ; il est dispensé de l'intermédiaire d'un avocat à la cour, et jugé d'urgence, sans frais ni consignation d'amende.

Les pièces et mémoires fournis par les parties sont transmis, sans frais, par le greffier de la justice de paix, au greffier de la cour de cassation,

La chambre des requêtes de la cour de cassation statue définitivement sur le pourvoi.

Art. 24. Tous les actes judiciaires sont, en matière électorale, dispensés du timbre et enregistrés gratis.

Les extraits des actes de naissance nécessaires pour établir l'âge des électeurs sont délivrés gratuitement sur papier libre à tout réclamant. Ils portent en tête de leur texte l'énonciation de leur destination spéciale, et ne peuvent servir à aucune autre.

Art. 25. L'élection est faite sur la liste révisée pendant toute l'année qui suit la clôture de la liste.

Titre iii. — Des éligibles.

Art. 26. Sont éligibles sans condition de domicile tous les électeurs âgés de vingt-cinq ans.

Art. 27. Sont déclarés indignes d'être élus les individus désignés aux articles 15 et 16 de la présente loi.

Art. 28. Sera déchu de la qualité de membre du corps législatif tout député qui, pendant la durée de son mandat, aura été frappé d'une condamnation emportant, aux termes de l'article précédent, la privation du droit d'être élu.

La déchéance sera prononcée par le corps législatif sur le vu des pièces justificatives.

Art. 29. Toute fonction publique rétribuée est incompatible avec le mandat de député au corps législatif.

Tout fonctionnaire rétribué, élu député au corps législatif, sera réputé démissionnaire de ses fonctions par le seul fait de son admission comme membre du corps législatif, s'il n'a pas opté avant la vérification de ses pouvoirs.

Tout député au corps législatif est réputé démissionnaire par le seul fait de l'acceptation de fonctions publiques salariées.

Art. 30. Ne pourront être élus dans tout ou partie de leur ressort, pendant les six mois qui suivront leur destitution, démission ou tout autre changement de leur position, les fonctionnaires publics ci-après indiqués :

Les premiers présidents, les procureurs généraux ;

Les présidents des tribunaux civils et les procureurs de la République ;

Le commandant supérieur des gardes nationales de la Seine ;

Le préfet de police, les préfets et les sous-préfets ;

Les archevêques, évêques et vicaires généraux ;

Les officiers généraux commandant les divisions et subdivisions militaires ;

Les préfets maritimes.

TITRE IV. — *Dispositions pénales.*

Art. 31. Toute personne qui se sera fait inscrire sur la liste électorale sous de faux noms ou de fausses qualités, ou aura, en se faisant inscrire, dissimulé une incapacité prévue par la loi, ou aura réclamé et obtenu une inscription sur deux ou plusieurs listes, sera punie d'un emprisonnement d'un mois à un an et d'une amende de 100 à 1,000 fr.

Art. 32. Celui qui, déchu du droit de voter, soit par suite d'une condamnation judiciaire, soit par suite d'une faillite non suivie de réhabilitation, aura voté, soit en vertu d'une inscription sur les listes antérieures à sa déchéance, soit en vertu d'une inscription postérieure, mais opérée sans sa participation, sera puni d'un emprisonnement de quinze jours à trois mois et d'une amende de 20 à 500 fr.

Art. 33. Quiconque aura voté dans une assemblée électorale, soit en vertu d'une inscription obtenue dans les deux premiers cas prévus par l'art. 51, soit en prenant faussement les noms et qualités d'un électeur inscrit, sera puni d'un emprisonnement de six mois à deux ans et d'une amende de 200 fr. à 2,000 fr.

Art. 34. Sera puni de la même peine tout citoyen qui aura profité d'une inscription multiple pour voter plus d'une fois.

Art. 35. Quiconque étant chargé, dans un scrutin, de recevoir, compter ou dépouiller les bulletins contenant les suffrages des citoyens, aura soustrait, ajouté ou altéré des bulletins, ou lu un nom autre que celui inscrit, sera puni d'un emprisonnement d'un an à cinq ans et d'une amende de 500 fr. à 5,000 fr.

Art. 36. La même peine sera appliquée à tout individu qui, chargé par un électeur d'écrire son suffrage, aura inscrit sur le bulletin un nom autre que celui qui lui était désigné.

Art. 37. L'entrée dans l'assemblée électorale avec armes apparentes est interdite. En cas d'infraction, le contrevenant sera passible d'une amende de 16 à 100 fr.

La peine sera d'un emprisonnement de quinze jours à trois mois, et d'une amende de 50 à 300 fr. si les armes étaient cachées.

Art. 38. Quiconque aura donné, promis ou reçu des deniers, effets ou valeurs quelconques, sous la condition soit de donner ou de procurer un suffrage, soit de s'abstenir de voter, sera puni d'un emprisonnement de trois mois à deux ans et d'une amende de 500 à 5,000 fr.

Seront punis des mêmes peines ceux qui, sous les mêmes conditions, auront fait ou accepté l'offre ou la promesse d'emplois publics ou privés.

6.

Si le coupable est fonctionnaire public, la peine sera du double.

Art. 39. Ceux qui, soit par voies de fait, violences ou menaces contre un électeur, soit en lui faisant craindre de perdre son emploi ou d'exposer à un dommage sa personne, sa famille ou sa fortune, l'auront déterminé à s'abstenir de voter, ou auront influencé un vote, seront punis d'un emprisonnement d'un mois à un an et d'une amende de 100 fr. à 1,000 fr. La peine sera double si le coupable est fonctionnaire public.

Art. 40. Ceux qui, à l'aide de fausses nouvelles, bruits calomnieux, ou autres manœuvres frauduleuses, auront surpris ou détourné des suffrages, déterminé un ou plusieurs électeurs à s'abstenir de voter, seront punis d'un emprisonnement d'un mois à un an et d'une amende de 100 à 2,000 fr.

Art. 41. Lorsque, par attroupements, clameurs ou démonstrations menaçantes, ou aura troublé les opérations d'un collége électoral, porté atteinte à l'exercice du droit électoral ou à la liberté du vote, les coupables seront punis d'un emprisonnement de trois mois à deux ans, et d'une amende de 100 à 2,000 fr.

Art. 42. Toute irruption dans un collége électoral consommée ou tentée avec violence, en vue d'empêcher un choix, sera punie d'un emprisonnement d'un an à cinq ans, et d'une amende de 1,000 à 5,000 fr.

Art. 43. Si les coupables étaient porteurs d'armes, ou si le scrutin a été violé, la peine sera la réclusion.

Art. 44. Elle sera des travaux forcés à temps, si le crime a été commis par suite d'un plan concerté pour être exécuté, soit dans toute la République, soit dans un ou plusieurs départements, soit dans un plusieurs arrondissements.

Art. 45. Les membres d'un collége électoral qui, pendant la réunion, se seront rendus coupables d'outrages ou de violences, soit envers le bureau, soit envers l'un de ses membres, ou qui, par voies de fait ou menaces, auront retardé ou empêché les opérations électorales, seront punis d'un emprisonnement d'un mois à un an, et d'une amende de 100 à 2,000 fr.

Si le scrutin a été violé, l'emprisonnement sera d'un an à cinq ans, et l'amende de 1,000 à 5,000 fr.

Art. 46. L'enlèvement de l'urne contenant les suffrages émis et non encore dépouillés sera puni d'un emprisonnement d'un an à cinq ans, et d'une amende de 1,000 à 5,000 fr.

Si cet enlèvement a été effectué en réunion et avec violences, la peine sera la réclusion.

Art. 47. La violation du scrutin faite soit par les membres du bureau, soit par les agents de l'autorité préposés à la garde des bulletins non encore dépouillés, sera punie de la réclusion.

Art. 48. Les crimes prévus par la présente loi seront jugés par la cour d'assises, et les délits par les tribunaux correctionnels ; l'art. 463 du Code pénal pourra être appliqué.

Art. 49. En cas de conviction de plusieurs crimes ou délits prévus par la présente loi et commis antérieurement au premier acte de poursuite, la peine la plus forte sera seule appliquée.

Art. 50. L'action publique et l'action civile seront prescrites après trois mois, à partir du jour de la proclamation du résultat de l'élection.

Art. 51. La condamnation, s'il en est prononcé, ne pourra, en aucun cas, avoir pour effet d'annuler l'élection déclarée valide par les pouvoirs compétents, ou dûment définitive par l'absence de toute protestation régulière formée dans les délais voulus par les lois spéciales.

Art. 52. Les lois antérieures sont abrogées en ce qu'elles ont de contraire aux dispositions de la présente loi.

TITRE V. — *Dispositions générales.*

Art. 53. Pour l'élection du Président de la République, une loi spéciale réglera le mode de votation de l'armée.

Art. 54. Un décret réglementaire, rendu en exécution des dispositions de l'art. 6 de la Constitution, fixera : 1° les formalités administratives pour la révision annuelle des listes ; 2° toutes les dispositions relatives à la composition, aux attributions et aux opérations des colléges électoraux.

Fait aux palais des Tuileries, le 2 février 1852.

LOUIS-NAPOLÉON.

Le ministre de l'intérieur,

F. DE PERSIGNY.

Tableau du nombre des députés au corps législatif à élire par chaque département.

Départements.	Députés.	Départements.	Députés.
Ain,	3	Report.	28
Aisne,	4	Calvados,	4
Allier,	2	Cantal,	2
Alpes (Basses-),	1	Charente,	3
Alpes (Hautes-),	1	Charente-Inférieure,	4
Ardèche,	3	Cher,	2
Ardennes,	2	Corrèze,	2
Ariége,	2	Corse,	1
Aube,	2	Côte-d'Or,	3
Aude,	2	Côtes-du-Nord,	5
Aveyron,	3	Creuse,	2
Bouches-du-Rhône,	3	Dordogne,	4
A reporter,	28	A reporter,	60

Départements.	Députés.	Départements.	Députés.
Report,	60	Report	152
Doubs,	2	Moselle,	3
Drôme,	3	Nièvre,	2
Eure,	3	Nord,	8
Eure-et-Loir,	2	Oise,	3
Finistère,	4	Orne,	3
Gard,	3	Pas-de-Calais,	5
Garonne (Haute-),	4	Puy-de-Dôme,	5
Gers,	5	Pyrénées (Basses-),	3
Gironde,	5	Pyrénées (Hautes-),	2
Hérault,	3	Pyrénées-Orientales,	1
Ille-et-Vilaine,	4	Rhin (Bas-),	4
Indre,	2	Rhin (Haut-),	3
Indre-et-Loire,	3	Rhône,	4
Isère,	4	Saône (Haute-),	5
Jura,	2	Saône-et-Loire,	4
Landes,	2	Sarthe,	4
Loir-et-Cher,	2	Seine,	9
Loire,	3	Seine-Inférieure,	6
Loire (Haute-),	2	Seine-et-Marne,	5
Loire-Inférieure,	4	Seine-et-Oise,	4
Loiret,	2	Sèvres (Deux-),	2
Lot,	2	Somme,	5
Lot-et-Garonne,	5	Tarn,	3
Lozère,	1	Tarn-et-Garonne,	2
Maine-et-Loire,	4	Var,	5
Manche,	4	Vaucluse,	2
Marne,	5	Vendée,	3
Marne (Haute-),	2	Vienne,	2
Mayenne,	5	Vienne (Haute-),	2
Meurthe,	3	Vosges,	3
Meuse,	2	Yonne,	3
Morbihan,	3		
A reporter,	152	Total,	261

DÉCRET RÉGLEMENTAIRE POUR L'ÉLECTION AU CORPS LÉGISLATIF.

AU NOM DU PEUPLE FRANÇAIS.

Louis-Napoléon, Président de la République,

Vu l'art. 6 de la Constitution ;

Vu les art. 18, 19 et 56 du décret organique pour l'élection des représentants;

Sur le rapport du ministre secrétaire d'Etat au département de l'intérieur,

Décrète :

TITRE Ier. — *Révision annuelle des listes électorales.*

Art. 1er. La révision annuelle des listes électorales s'opère conformément aux règles qui suivent :

Du 1er au 10 janvier de chaque année, le maire de chaque commune ajoute à la liste les citoyens qu'il reconnaît avoir acquis les qualités exigées par la loi, ceux qui acquerront les conditions d'âge et d'habitation avant le 1er avril et ceux qui auraient été précédemment omis.

Il en retranche :

1° Les individus décédés;

2° Ceux dont la radiation a été ordonnée par l'autorité compétente ;

3° Ceux qui ont perdu les qualités requises par la loi ;

4° Ceux qu'il reconnaît avoir été indûment inscrits, quoique leur inscription n'ait point été attaquée. Il tient un registre de toutes ces décisions et y mentionne les motifs et les pièces à l'appui.

Art. 2. Le tableau contenant les additions et retranchements faits par le maire à la liste électorale est déposé au plus tard le 15 janvier au secrétariat de la commune.

Ce tableau sera communiqué à tout requérant, qui

pourra le recopier et le reproduire par la voie de l'impression. Le jour même de ce dépôt, avis en sera donné par affiches aux lieux accoutumés.

Art. 3. Une copie du tableau et du procès-verbal constatant l'accomplissement des formalités prescrites par l'article précédent sera en même temps transmise au sous-préfet de l'arrondissement, qui l'adressera, dans les deux jours, avec ses observations, au préfet du département.

Art. 4. Si le préfet estime que les formalités et les délais prescrits par la loi n'ont pas été observés, il devra, dans les deux jours de la réception du tableau, déférer les opérations du maire au conseil de préfecture du département, qui statuera dans les trois jours et fixera, s'il y a lieu, le délai dans lequel les opérations annulées devront être refaites.

Art. 5. Les demandes en inscription ou en radiation devront être formées dans les dix jours, à compter de la publication des listes.

Art. 6. Le juge de paix donnera avis des infirmations par lui prononcées au préfet et au maire dans les trois jours de la décision.

Art. 7. Le 31 mars de chaque année, le maire opère toutes les rectifications régulièrement ordonnées, transmet au préfet le tableau de ces rectifications, et arrête définitivement la liste électorale de la commune.

La minute de la liste électorale reste déposée au secrétariat de la commune ; le tableau rectificatif transmis au préfet reste déposé avec la copie de la liste électorale au secrétariat général du département.

Communication en doit toujours être donnée aux citoyens qui la demandent.

Art. 8. La liste électorale reste jusqu'au 31 mars de l'année suivante, telle qu'elle a été arrêtée, sauf néanmoins les changements qui y auraient été ordonnés par décision du juge de paix, et sauf aussi la radiation des

noms des électeurs décédés ou privés des droits civils et
politiques par jugement ayant force de chose jugée.

TITRE II. — *Des colléges électoraux.*

Art. 9. Les colléges électoraux devront être réunis, autant que possible, un dimanche ou un jour férié.

Art. 10. Les colléges électoraux ne peuvent s'occuper
que de l'élection pour laquelle ils sont réunis.

Toutes discussions, toutes délibérations, leur sont in-
dites.

Art. 11. Le président du collége ou de la section a seul
la police de l'assemblée.

Nulle force armée ne peut, sans son autorisation, être
placée dans la salle des séances, ni aux abords du lieu où
se tient l'assemblée.

Les autorités civiles et les commandants militaires sont
tenus de déférer à ses réquisitions.

Art. 12. Le bureau de chaque collége ou section est
composé d'un président, de quatre assesseurs, et d'un secrétaire choisi par eux parmi les électeurs.

Dans les délibérations du bureau, le secrétaire n'a que
voix consultative.

Art. 13. Les colléges et sections sont présidés par les
maires, adjoints et conseillers municipaux de la commune ; à leur défaut, les présidents sont désignés par le
maire parmi les électeurs sachant lire et écrire.

A Paris, les sections sont présidées, dans chaque arrondissement, par le maire, les adjoints ou les électeurs désignés par eux.

Art. 14. Les assesseurs sont pris, suivant l'ordre du
tableau, parmi les conseillers municipaux sachant lire et
écrire ; à leur défaut, les assesseurs sont les deux plus
âgés et les deux plus jeunes électeurs présents sachant
lire et écrire.

A Paris, les fonctions d'assesseurs sont remplies dans

chaque section par les deux plus âgés et les deux plus jeunes électeurs sachant lire et écrire.

Art. 15. Trois membres du bureau au moins doivent être présents pendant tout le cours des opérations du collége.

Art. 16. Le bureau prononce provisoirement sur les difficultés qui s'élèvent touchant les opérations du collége ou de la section.

Ses décisions sont motivées.

Toutes les réclamations et décisions sont inscrites au procès-verbal ; les pièces ou bulletins qui s'y rapportent y sont annexés, après avoir été parafés par le bureau.

Art. 17. Pendant toute la durée des opérations électorales, une copie officielle de la liste des électeurs, contenant les noms, domicile et qualification de chacun des inscrits, reste déposée sur la table autour de laquelle siége le bureau.

Art. 18. Tout électeur inscrit sur cette liste a le droit de prendre part au vote.

Néanmoins, ce droit est suspendu pour les détenus, pour les accusés contumaces et pour les personnes non interdites, mais retenues, en vertu de la loi du 30 juin 1838, dans un établissement public d'aliénés.

Art. 19. Nul ne peut être admis à voter s'il n'est inscrit sur la liste.

Toutefois, seront admis au vote, quoique non inscrits, les citoyens porteurs d'une décision du juge de paix ordonnant leur inscription, ou d'un arrêt de la cour de cassation annulant un jugement qui aurait prononcé une radiation.

Art. 20. Nul électeur ne peut entrer dans le collége électoral s'il est porteur d'armes quelconques.

Art. 21. Les électeurs sont appelés successivement par ordre alphabétique.

Ils apportent leur bulletin préparé en dehors de l'assemblée.

7

Le papier du bulletin doit être blanc et sans signes extérieurs.

Art. 22. A l'appel de son nom, l'électeur remet au président son bulletin fermé.

Le président le dépose dans la boîte du scrutin, laquelle doit, avant le commencement du vote, avoir été fermée à deux serrures, dont les clefs restent, l'une entre les mains du président, l'autre entre celles du scrutateur le plus âgé.

Art. 23. Le vote de chaque électeur est constaté par la signature ou le parafe de l'un des membres du bureau, apposé sur la liste, en marge du nom du votant.

Art. 24. L'appel étant terminé, il est procédé au réappel de tous ceux qui n'ont pas voté.

Art. 25. Le scrutin reste ouvert pendant deux jours; le premier jour, depuis huit heures du matin jusqu'à six heures du soir; et le second jour, depuis huit heures du matin jusqu'à quatre heures du soir.

Art. 26. Les boîtes du scrutin sont scellées et déposées pendant la nuit au secrétariat ou dans la salle de la mairie.

Les scellés sont également apposés sur les ouvertures de la salle où les boîtes ont été déposées.

Art. 27. Après la clôture du scrutin, il est procédé au dépouillement de la manière suivante :

La boîte du scrutin est ouverte et le nombre des bulletins vérifié.

Si ce nombre est plus grand ou moindre que celui des votants, il en est fait mention au procès-verbal.

Le bureau désigne parmi les électeurs présents un certain nombre de scrutateurs sachant lire et écrire, lesquels se divisent par tables de quatre au moins.

Le président répartit entre les diverses tables les bulletins à vérifier.

A chaque table, l'un des scrutateurs lit chaque bulletin à haute voix et le passe à un autre scrutateur; les noms portés sur les bulletins sont relevés sur des listes préparées à cet effet.

Art. 28. Le président et les membres du bureau surveillent l'opération du dépouillement.

Néanmoins, dans les colléges ou sections où il se sera présenté moins de trois cents votants, le bureau pourra procéder lui-même, et sans l'intervention de scrutateurs supplémentaires, au dépouillement du scrutin.

Art. 29. Les tables sur lesquelles s'opèrent le dépouillement du scrutin, sont disposées de telle sorte que les électeurs puissent circuler à l'entour.

Art. 30. Les bulletins blancs, ceux ne contenant pas une désignation suffisante, ou dans lesquels les votants se font connaître, n'entrent point en compte dans le résultat du dépouillement, mais ils sont annexés au procès-verbal.

Art. 31. Immédiatement après le dépouillement, le résultat du scrutin est rendu public, et les bulletins autres que ceux qui, conformément aux art. 16 et 30, doivent être annexés au procès-verbal, sont brûlés en présence des électeurs.

Art. 32. Pour les colléges divisés en plusieurs sections, le dépouillement du scrutin se fait dans chaque section. Le résultat est immédiatement arrêté et signé par le bureau, il est ensuite porté par le président au bureau de la première section, qui, en présence des présidents des autres sections, opère le recensement général des votes et en proclame le résultat.

Art. 33. Les procès-verbaux des opérations électorales de chaque commune sont rédigés en double.

L'un de ces doubles reste déposé au secrétariat de la mairie ; l'autre double est transmis au sous-préfet de l'arrondissement, qui le fait parvenir au préfet du département.

Art. 34. Le recensement général des votes pour chaque circonscription électorale se fait au chef-lieu du département, en séance publique.

Il est opéré par une commission composée de trois membres du conseil général.

A Paris, le recensement est fait par une commission de cinq membres du conseil général, désignés par le préfet de la Seine.

Cette opération est constatée par un procès-verbal.

Art. 35. Le recensement général des votes étant terminé, le président de la commission en fait connaître le résultat.

Il proclame député au corps législatif celui des candidats qui a satisfait aux deux conditions exigées par l'art. 6 du décret organique.

Art. 36. Si aucun des candidats n'a obtenu la majorité absolue des suffrages, et le vote en sa faveur du quart au moins des électeurs inscrits, l'élection est continuée au deuxième dimanche qui suit le jour de la proclamation du résultat du scrutin.

Art. 37. Aussitôt après la proclamation du résultat des opérations électorales, les procès-verbaux et les pièces y annexées sont transmis, par les soins des préfets et l'intermédiaire du ministre de l'intérieur, au corps législatif.

Fait au palais des Tuileries, le 2 février 1852.

LOUIS-NAPOLÉON.

Le ministre de l'intérieur,

F. DE PERSIGNY.

RÉPUBLIQUE FRANÇAISE.

AU NOM DU PEUPLE FRANÇAIS.

Louis-Napoléon, Président de la République,

Sur le rapport du ministre secrétaire d'État au département de l'intérieur, de l'agriculture et du commerce ;

Vu l'art. 6 de la Constitution ;

Vu la loi électorale organique ;

Vu le décret, en date du 2 de ce mois, portant convocation des colléges électoraux,

Décrète :

Art. 1ᵉʳ. Le nombre et la composition des circonscriptions électorales, pour chaque département, sont fixés conformément au tableau ci-annexé.

Art. 2. Le ministre de l'intérieur, de l'agriculture et du commerce, est chargé de l'exécution du présent décret.

Fait au palais des Tuileries, le 3 février 1852.

LOUIS-NAPOLÉON.

Le ministre de l'intérieur, de l'agriculture et du commerce,

F. DE PERSIGNY.

TABLEAU INDIQUANT LA COMPOSITION DES CIRCONSCRIPTIONS ÉLECTORALES DES DÉPARTEMENTS.

Ain. — 1ʳᵉ circonscription électorale. — Arr. de Bourg: les cantons de Bagé-le-Châtel, Bourg, Ceyzériat, Coligny, Montrevel, Pont-d'Ain, Pont-de-Vaux, Saint-Trivier-de-Courtes, Treffort.

2ᵉ circonscr. élect. — Arr. de Gex : tout l'arrondissement. — Arr. de Belley : les cantons de Belley, Champagne, Hauteville, Lhuis, Saint-Rambert, Seyssel, Virieux-le-Grand. — Arr. de Nantua: les cantons de Brenod, Châtillon-de-Michaille, Izernore, Nantua, Oyonnax.

3ᵉ circonscr. élect. — Arr. de Trévoux : tout l'arrondissement. — Arr. de Belley: les cantons d'Ambérieux, Lagneux. — Arr. de Nantua : le canton de Poncin. — Arr. de Bourg: le canton de Pont-de-Veyle.

Aisne. — 1ʳᵉ circonscr. élect. — Arr. de Laon : les cantons de Anisy-le-Château, Chauny, Coucy-le-Château,

Craonne, Crécy-sur-Serre, la Fère, Laon, Neufchâtel, Sissonne.

2ᵉ circonscr. élect. — Arr. de Saint-Quentin : tout l'arrondissement.

3ᵉ circonscr. élect. — Arr. de Vervins : tout l'arrondissement. — Arr. de Laon : les cantons de Marle, Rosoy.

4ᵉ circonscr. élect. — Arr. de Soissons : tout l'arrondissement. — Arr. de Château-Thierry : tout l'arrondissement.

Allier. — 1ʳᵉ circonscr. élect. — Arr. de La Palisse : tout l'arrondissement. — Arr. de Moulins : tout l'arrondissement.

2ᵉ circonscr. élect. — Arr. de Gannat : tout l'arrondissement. — Arr. de Montluzon : tout l'arrondissement.

Alpes (Basses-). — (Circonscription comprenant tout le département).

Alpes (Hautes-). — (Circonscription comprenant tout le département).

Ardèche. — 1ʳᵉ circonscription électorale. — Arr. de Privas : tout l'arrondissement.

2ᵉ circonscr. élect. — Arr. de Largentière : tout l'arrondissement.

3ᵉ circonscr. élect. — Arr. de Tournon : tout l'arrondissement.

Ardennes. — 1ʳᵉ circonscr. élect. — Arr. de Mézières: tout l'arrondissement. — Arr. de Rocroi : tout l'arrondissement. — Arr. de Sedan : les cantons de Carignan, Sedan (nord), Sedan (sud).

2ᵉ circonscr. élect. — Arr. de Sedan : les cantons de Mouzon, Rocurt. — Arr. de Rethel : tout l'arrondissement. — Arr. de Vouziers : tout l'arrondissement.

Ariége. — 1ʳᵉ circonscr. élect. — Arr. de Foix : les

cantons d'Ax, Foix, Lavelanet, les Cabannes, Quérigut, Tarascon. — Arr. de Pamiers : les cantons de Mirepoix, Pamiers, Saverdun, Varilhes.

2ᵉ circonscr. élect. — Arr. de Saint-Girons : tout l'arrondissement. — Arr. de Pamiers : les cantons de le Fossat, le Mas-d'Azil. — Arr. de Foix : les cantons de la Bastide-de-Serou, Vicdessos.

Aube. — 1ʳᵉ circonscr. élect. — Arr. de Bar-sur-Seine : les cantons de Bar-sur-Seine, Chaource. — Arr. de Troyes : les cantons de Aix-en-Othe, Bouilly, Ervy, Estissac, Troyes (les trois cantons). — Arr. de Nogent-sur-Seine : les cantons de Marcilly-le-Hayer, Nogent-sur-Seine, Romilly-sur-Seine.

2ᵉ circonscr. élect. — Arr. d'Arcis-sur-Aube : tout l'arrondissement. — Arr. de Bar-sur-Aube : tout l'arrondissement. — Arr. de Bar-sur-Seine : les cantons d'Essoyes, Riceys, Mussy-sur-Seine. — Arr. de Nogent-sur-Seine : le canton de Villenauxe. — Arr. de Troyes : les cantons de Lusigny, Piney.

Aude. — 1ʳᵉ circonscr. élect. — Arr. de Carcassonne : tout l'arrondissement. — Arr. de Castelnaudary : tout l'arrondissement.

2ᵉ circonscr. élect. — Arr. de Limoux : tout l'arrondissement. — Arr. de Narbonne : tout l'arrondissement.

Aveyron. — 1ʳᵉ circonscr. élect. — Arr. de Rodez : les cantons de Bozouls, Cassagnes-Bégonhès, la Salvetat, Marcillac, Naucelle, Réquista, Rodez, Salars. — Arr. d'Espalion : tout l'arrondissement.

2ᵉ circonscr. élect. — Arr. de Millan : tout l'arrondissement. — Arr. de Saint-Affrique : tout l'arrondissement.

3ᵉ circonscr. élect. — Arr. de Villefranche : tout l'arrondissement. — Arr. de Rodez : les cantons de Conques, Rignac, Sauveterre.

Bouches-du-Rhône. — 1re circonscr. élect. — Arr. de Marseille : les cantons de La Ciotat, Marseille (1er, 2e, 3e, 5e et 6e cantons).

2e circonscr. élect. — Arr. de Marseille : les cantons de Marseille (4e canton), Aubagne, Roquevaire. — Arr. d'Aix : les cantons de Aix (les deux cantons), Berre, Gardanne, Lambesc, Peyrolles, Trets.

3e circonscr. élect. — Arr. d'Arles : tout l'arrondissement. — Arr. d'Aix : les cantons d'Istres, Martigues, Salon.

Calvados. — 1re circonscr. élect. — Arr. de Caen : les cantons de Bourguébus, Caen (les deux cantons), Douvres, Evrecy, Troarn. — Arr. de Falaise : le canton de Bretteville-sur-Laise. — Arr. de Lisieux : le canton de Mézidon.

2e circonscr. élect. — Arr. de Bayeux : tout l'arrondissement. — Arr. de Caen : les cantons de Creully, Tilly-sur-Seulles, Villers-Bocage.

3e circonsc. élect. — Arr. de Lisieux : les cantons de Lisieux (les deux sections), Livarot, Orbec, Saint-Pierre-sur-Dives. — Arr. de Pont-l'Evêque : tout l'arrondissement.

4e circonscr. élect. — Arr. de Falaise : les cantons de Coulibeuf, Falaise (les deux divisions), Harcourt. — Arr. de Vire : tout l'arrondissement.

Cantal. — 1re circonscr. élect. — Arr. d'Aurillac : tout l'arrondissement. — Arr. de Mauriac : les cantons de Mauriac, Pléaux.

2e circonscr. élect. — Arr. de Murat : tout l'arrondissement. — Arr. de Saint-Flours : tout l'arrondissement. — Arr. de Mauriac : les cantons de Champs, Riom, Saignes, Salers.

Charente. — 1re circonscr. élect. — Arr. d'Angoulême : tout l'arrondissement,

2e circonscr. élect. — Arr. de Barbezieux : tout l'arrondissement. — Arr. de Cognac : tout l'arrondissement.

3e circonscr. élect. — Arr. de Confolens : tout l'arrondissement. — Arr. de Ruffec : tout l'arrondissement.

Charente-Inférieure. — 1re circonscr. élect. — Arr. de la Rochelle : tout l'arrondissement.— Arr. de Rochefort : les cantons d'Aigrefeuille, Surgères.

2e circonscr. élect. — Arr. de Rochefort : les cantons de Rochefort, Tonnay-Charente. — Arr. de Marennes : tout l'arrondissement. — Arr. de Saintes : canton de Saujon.

3e circonscr. élect. — Arr. de Saintes : les cantons de Cozes, Gémozac, Pons, Saintes (les deux cantons). — Arr. de Jonzac : tout l'arrondissement.

4e circonscr. élect.— Arr. de Saint-Jean-d'Angely : tout l'arrondissement. — Arr. de Saintes : les cantons de Burie, Saint-Porchaire.

Cher. — 1re circonscr. élect. — Arr. de Bourges : les cantons de Bourges, Charost, Gracay, Levet, Lury, Mehun, Saint-Martin-d'Auxigny, Vierzon.— Arr. de Saint-Amand : les cantons de Châteaumeillant, Châteauneuf, le Châtelet, Lignières, Saulzais. — Arr. de Sancerre : le canton d'Aubigny.

2e circonscr. élect. — Arr. de Bourges : les cantons de Baugy, les Aix. — Arr. de Saint-Amand : les cantons de Charenton, Dun-le-Roy, la Guerche, Nérondes, Saint-Amand, Sancoins. — Arr. de Sancerre : les cantons de Argent, Henrichemont, la Chapelle-d'Anguillon, Leré, Sancergues, Sancerre, Vailly.

Corrèze. — 1re circonscr. élect. — Arr. de Tulle : les cantons de Argentat, Corrèze, Egletons, Lapleau, la Roche-Canillac, Mercœur, Servières, Treignac, Tulle (les deux cantons). — Arr. de Ussel : tout l'arrondissement.

2e circonscr. élect. — Arr. de Brives : tout l'arrondissement. — Arr. de Tulle : les cantons de Uzerches, Seilhac.

Corse. — Circonscription comprenant tout le département.

Côte-d'Or. — 1re circonscr. élect. — Arr. de Dijon : tout l'arrondissement.

2e circonscr. élect. — Arr. de Beaune : tout l'arrondissement.

3e circonscr. élect. — Arr. de Châtillon : tout l'arrondissement. — Arr. de Semur : tout l'arrondissement.

Côtes-du-Nord. — 1re circonscr. élect. — Arr. de Saint-Brieuc : les cantons de Etables, Lamballe, Lanvollon, Pléneuf, Plœuc, Plouha, Quintin, Saint-Brieuc (les deux cantons).

2e circonscr. élect. — Arr. de Dinan : tout l'arrondissement.

3e circonscr. élect. — Arr. de Guingamp : tout l'arrondissement. — Arr. de Saint-Brieuc : le canton de Châtelaudren.

4e circonsc. élect. — Arr. de Lannion : tout l'arrondissement. — Arr. de Saint-Brieuc : canton de Paimpol.

5e circonscr. élect. — Arr. de Loudéac : tout l'arrondissement. — Arr. de Saint-Brieuc : canton de Moncontour.

Creuse. — 1re circonscr. élect. — Arr. de Guéret : tout l'arrondissement. — Arr. de Boussac : tout l'arrondissement.

2e circonscr. élect. — Arr. d'Aubusson : tout l'arrondissement. — Arr. de Bourganeuf : tout l'arrondissement.

Dordogne. — 1re circonscr. élect. — Arr. de Périgueux : tout l'arrondissement. — Arr. de Sarlat : les cantons de Montignac, Terrasson.

2° circonscr. élect — Arr. de Bergerac : les cantons de Bergerac, Eymet, Issigeac, Laforce, Sigoulès, Vélines, Villamblard, Villefranche-de-Longchapt. — Arr. de Riberac : les cantons de Montpont, Montagrier, Mussidan, Neuvic.

5° circonscr. élect. — Arr. de Sarlat : les cantons de Belvès, Bugue, Carlux, Domme, Saint-Cyprien, Salignac, Sarlat, Villefranche de Belvez. — Arr. de Bergerac : les cantons de Beaumont, Cadouin, Lalinde, Montpassier, Saint-Alvère.

4° circonscr. élect. — Arr. de Nontron : tout l'arrondissement. — Arr. de Riberac : les cantons de Riberac, Saint-Aulaye, Vertellac.

Doubs. — 1ʳᵉ circonscr. élect. — Arr. de Besançon : les cantons d'Amancey, Audeux, Besançon (les deux cantons), Boussières, Ornans, Quingey.— Arr. de Pontarlier : les cantons de Levier, Montbenoît, Mouthe, Pontarlier

2° circonscr. élect. — Arr. de Baume : tout l'arrondissement. — Arr. de Montbéliard : tout l'arrondissement.— Arr. de Pontarlier : le canton de Morteau. — Arr. de Besançon : le canton de Marchaux.

Drôme. — 1ʳᵉ circonscr. élect. — Arr. de Valence : les cantons de Chabeuil, Loriol, Valence. — Arr. de Die : les cantons de Crest (les deux cantons). — Arr. de Montélimar : les cantons de Marsanne, Montélimar, Saint-Paul-Trois-Châteaux.

2° circonscr. élect. — Arr. de Valence : les cantons de Bourg-du-Péage, le Grand-Serre, Romans, Saint-Donat, Saint-Jean-de-Royans, Saint-Vallier, Tain. — Arr. de Die : le canton de la Chapelle-en-Vercors.

5° circonscr. élect. — Arr. de Die : les cantons de Bourdeaux, Châtillon, Die, la Motte-Chalançon, Luc, Saillans.— Arr. de Nyons : tout l'arrondissement.— Arr. de Montélimar : les cantons de Dieulefit, Grignan.

Eure. — 1re circonscr. élect. — Arr. de Evreux : tout l'arrondissement.

2e circonscr. élect. — Arr. des Andelys : tout l'arrondissement. — Arr. de Louviers : tout l'arrondissement.

5e circonscr. élect. — Arr. de Bernay : tout l'arrondissement. — Arr. de Pont-Audemer : tout l'arrondissement.

Eure-et-Loir. — 1re circonscr. élect. — Arr. de Chartres : les cantons de Auneau, Chartres (les deux cantons), Courville, Janville, Maintenon, Voves. — Arr. de Châteaudun : les cantons de Bonneval, Châteaudun, Cloyes, Orgères.

2e circonscr. élect. — Arr. de Dreux : tout l'arrondissement. — Arr. de Nogent-le-Rotrou : tout l'arrondissement. — Arr. de Chartres : le canton de Illiers. — Arr. de Châteaudun : le canton de Brou.

Finistère. — 1re circonscr. élect. — Arr. de Quimper : tout l'arrondissement. — Arr. de Quimperlé : tout l'arrondissement.

2e circonscr. élect. — Arr. de Brest : Brest (les trois cantons), Lannilis, Lesneven, Ouessant, Plabennec, Ploudalmezeau, Saint-Renan.

3e circonscr. élect. — Arr. de Morlaix : tout l'arrondissement.

4e circonscr. élect. — Arr. de Châteaulin : tout l'arrondissement. — Arr. de Brest : les cantons de Daoulas, Landernau, Ploudiry.

Gard. — 1re circonscr. élect. — Arr. de Nimes : les cantons d'Aigues-Mortes, Beaucaire, Marguerittes, Nîmes (les trois cantons), Saint-Gilles, Saint-Mamert, Sommières, Vauvert.

2e circonscr. élect. — Arr. d'Uzès : tout l'arrondisse-

ment. — Arr. de Nîmes : les cantons d'Aramon. — Arr.
d'Alais : Vezenobres, Saint-Ambroix, Barjac.

3ᵉ circonscr. élect. — Arr. d'Alais : les cantons d'Alais,
Anduze, Lédignan, Saint-Jean-du-Gard, Saint-Martin, Ge-
nolhac. — Arr. du Vigan : tout l'arrondissement.

Garonne (Haute-). — 1ʳᵉ circonscr. élect. — Arr. de
Toulouse : les cantons de Toulouse (centre), Fronton,
Montastruc, Verfeil, Villemur.—Arr. de Villefranche : les
cantons de Caraman, Lanta, Revel, Villefranche.

2ᵉ circonscr. élect. — Arr. de Toulouse : les cantons
de Toulouse (les trois cantons, nord, sud et ouest), Ca-
dours, Castanet, Grenade, Leguevin. — Arr. de Muret :
les cantons de Muret, Saint-Lys.

3ᵉ circonscr. élect.—Arr. de Muret : les cantons d'Au-
terive, Carbonne, Cazères, Cintegabelle, Fousseret, Mon-
tesquieu, Rieumes, Rieux.—Arr. de Villefranche : Mont-
giscard, Nailloux. — Arr. de Saint-Gaudens : les cantons
de Saint-Martory, Saliès.

4ᵉ circonscr. élect. — Arr. de Saint-Gaudens : les cantons d'Aspet, Aurignac, Bagnères-de-Luchon, Boulogne,
l'Ile-en-Dodon, Montrejean, Saint-Béat, Saint-Bertrand,
Saint-Gaudens.

Gers. —1ʳᵉ circonscr. élect.—Arr. d'Auch : les cantons
d'Auch (les deux cantons), Gimont, Gégun, Saramon. —
Arr. de Lombez : tout l'arrondissement. — Arr. de Lectoure : le canton de Mauvezin.

2ᵉ circonscr. élect. — Arr. de Condom : les cantons de
Cazaubon, Condom, Eauze, Montréal, Valence.— Arr. de
Lectoure : les cantons de Fleurance, Lectoure, Miradoux,
Saint-Clar.

3ᵉ circonscr. élect. — Arr. de Mirande : tout l'arrondissement. — Arr. d'Auch : le canton de Vic-Fezensac. —
Arr. de Condom : le canton de Nogaro.

Gironde. — 1ʳᵉ circonscr. élect. — Arr. de Bordeaux : Bordeaux (les six cantons).

2ᵉ circonscr. élect. — Arr. de Bordeaux : les cantons d'Audenge, Belin, Blanquefort, Cadillac, Carbon-Blanc, Créon, la Brède, la Teste, Pessac, Podensac.

3ᵉ circonscr. élect. — Arr. de Bazas : tout l'arrondissement. — Arr. de la Réole : tout l'arrondissement.

4ᵉ circonscr. élect. — Arr. de Blaye : tout l'arrondissement. — Arr. de Lesparre : tout l'arrondissement. — Arr. de Bordeaux : Castelnau, Saint-André.

5ᵉ circonscr. élect. — Arr. de Libourne : tout l'arrondissement.

Hérault. — 1ʳᵉ circonscr. élect. — Arr. de Montpellier : les cantons d'Anianes, Castries, Cette, Claret, Frontignan, Lunel, Matelles, Mauguio, Mèze, Montpellier (les trois cantons).

2ᵉ circonscr. élect. — Arr. de Béziers : les cantons d'Agde, Béziers (les deux cantons), Capestang, Florensac, Montagnac, Murviel, Pézenas, Roujan, Servian. — Arr. de Saint-Pons : le canton de Saint-Chinian.

3ᵉ circonscr. élect. — Arr. de Lodève : tout l'arrondissement. — Arr. de Saint-Pons : les cantons de la Salvetat, Olargues, Olonzac, Saint-Pons. — Arr. de Béziers : les cantons de Bédarieux, Saint-Gervais. — Arr. de Montpellier : les cantons de Ganges, Saint-Martin.

Ille-et-Vilaine. — 1ʳᵉ circonscr. élect. — Arr. de Rennes : tout l'arrondissement.

2ᵉ circonscr. élect. — Arr. de Saint-Malo : tout l'arrondissement.

3ᵉ circonscr. élect. — Arr. de Fougères : tout l'arrondissement. — Arr. de Vitré : tout l'arrondissement.

4ᵉ circonscr. élect. — Arr. de Redon : tout l'arrondissement. — Arr. de Montfort : tout l'arrondissement.

Indre. — 1ʳᵉ circonscr. élect. — Arr. de Châteauroux :

tout l'arrondissement. — Arr. du Blanc : les cantons du Blanc, Mézières, Saint-Gaultier, Tournon.

2ᵉ circonscr. élect. — Arr. d'Issoudun : tout l'arrondissement. — Arr. de la Châtre : tout l'arrondissement. — Arr. du Blanc : les cantons de Belabre, Saint-Benoît.

Indre-et-Loire. — 1ʳᵉ circonscr. élect. — Arr. de Tours : les cantons de Tours (nord), Tours (centre), Château-Lavallière, Château-Renault, Neuillé-Pont-Pierre, Neuvy-le-Roi, Vouvray.

2ᵉ circonscr. élect. — Arr. de Chinon : tout l'arrondissement. — Arr. de Tours : le canton de Montbazon.

3ᵉ circonscr. élect. — Arr. de Loches : tout l'arrondissement. — Arr. de Tours : les cantons d'Amboise, Bléré, Tours (sud).

Isère. — 1ʳᵉ circonscr. élect. — Arr. de Grenoble : les cantons d'Allevard, Clelles, Corps, Domêne, Goncelin, Grenoble (les trois cantons), la Mure, le Bourg-d'Oisans, le Monestier-de-Clermont, Mens, Touvet, Valbonnais, Vif, Vizille.

2ᵉ circonscr. élect. — Arr. de Saint-Marcellin : tout l'arrondissement. — Arr. de Grenoble : les cantons de Saint-Laurent-du-Pont, Sassenage, Voiron, le Villars-de-Lans.

3ᵉ circonscr. élect. — Arr. de la Tour-du-Pin : tout l'arrondissement. — Arr. de Vienne : le canton de la Verpillière.

4ᵉ circonscr. élect. — Arr. de Vienne : les cantons de Beaurepaire, Heyrieu, la Côte-Saint-André, Meyzieu, Roussillon, Saint-Jean-de-Bournay, Saint-Symphorien-d'Ozou, Vienne (les deux cantons).

Jura. — 1ʳᵉ circonscr. élect. — Arr. de Lons-le-Saulnier : tout l'arrondissement. — Arr. de Saint-Claude : tout l'arrondissement.

2ᵉ circonscr. élect. — Arr. de Dôle : tout l'arrondissement. — Arr. de Poligny : tout l'arrondissement.

Landes. — 1ʳᵉ circonscr. élect. — Arr. de Mont-de-Marsan : tout l'arrondissement. — Arr. de Saint-Sever : les cantons d'Aire, Geaune, Hagetmau, Saint-Sever.

2ᵉ circonscr. élect. — Arr. de Dax : tout l'arrondissement. — Arr. de Saint-Sever : les cantons d'Amou, Mugron, Tartas (les deux cantons).

Loir-et-Cher. — 1ʳᵉ circonscr. élect. — Arr. de Romorantin : tout l'arrondissement. — Arr. de Blois : les cantons de Blois (les deux cantons), Bracieux, Mer, Montrichard, Saint-Aignan.

2ᵉ circonscript. élect. — Arr. de Vendôme : tout l'arrondissement. — Arr. de Blois : les cantons de Contres, Herbault, Marchenoir, Ouzouer-le-Marché.

Loire. — 1ʳᵉ circonscr. élect. — Arr. de Montbrison : tout l'arrondissement. — Arr. de Saint-Etienne : le canton de Saint-Heand.

2ᵉ circonscr. élect. — Arr. de Roanne : tout l'arrondissement.

3ᵉ circonscr. élect. — Arr. de Saint-Etienne : les cantons de Belmont, Bourg-Argental, le Chambon, Pélussin, Rive-de-Gier, Saint-Chamond, Saint-Etienne (les deux cantons), Saint-Genest-Malifaux.

(*Loire Haute-*). — 1ʳᵉ circonscr. élect. — Arr. de le Puy : les cantons de le Puy (les deux cantons), Fay-le-Froid, Monastier, Pradelles, Saint-Julien-Chapteuil, Solignac-sur-Loire. — Arr. d'Yssengeaux : tout l'arrondissement.

2ᵉ circonscr. élect. — Arr. de Brioude : tout l'arrondissement. — Arr. de le Puy : les cantons de Allègre, Cayres, Craponne, Loudes, Saint-Paulien, Saugues, Vorey.

Loire-Inférieure. — 1re circonscr. élect. — Arr. d'Ancenis : tout l'arrondissement. — Arr. de Châteaubriant : les cantons de Moisdon, Nort, Saint-Julien-de-Vouvantes. — Arr. de Nantes : les cantons de Bouaye, Clisson, le Loroux, Vallet.

2e circonscr. élect. — Arr. de Nantes : les cantons de Carquefous, la Chapelle-sur-Erdre, Nantes (les six cantons).

3e circonscr. élect. — Arr. de Savenay : les cantons de Blain, Guéméné, Herbignac, Pontchâteau, Saint-Étienne-de-Montluc, Saint-Gildas-des-Bois, Saint-Nicolas, Savenay. — Arr. de Châteaubriant : les cantons de Châteaubriant, Derval, Nozay, Rougé.

4e circonscr. élect. — Arr. de Paimbœuf : tout l'arrondissement. — Arr. de Savenay : les cantons de Guérande, le Croisic, Saint-Nazaire. — Arr. de Nantes : les cantons d'Aigrefeuille, Légé, Machecoul, Saint-Philbert, Vertou.

Loiret. — 1re circonscr. élect. — Arr. d'Orléans : les cantons de Artenay, Beaugency, Clery, Jargeau, la Ferté-Saint-Aubin, Mung, Neuville, Orléans (les cinq cantons), Patay. — Arr. de Pithiviers : les cantons de Malesherbes, Outarville, Pithiviers.

2e circonscr. élect. — Arr. de Gien : tout l'arrondissement. — Arr. de Montargis : tout l'arrondissement. — Arr. de Pithiviers : les cantons de Beaune, Puiseaux. — Arr. d'Orléans : le canton de Châteauneuf.

Lot. — 1re circonscr. élect. — Arr. de Cahors : tout l'arrondissement. — Arr. de Figeac : les cantons de Cajarc, Livernou. — Arr. de Gourdon : le canton de Labastide.

2e circonscr. élect. — Arr. de Figeac : les cantons de Bretenoux, Figeac (les deux cantons), la Capelle, la Trouquière, Saint-Céré. — Arr. de Gourdon : les cantons de Gourdon, Gramat, Martel, Peyrac, Saint-Germain, Salviat, Souillac, Vayrac.

Lot-et-Garonne. — 1re circonscr. élect. — Arr. d'Agen : les cantons d'Agen (les deux cantons), Astaffort, Beauville, la Roque, Port-Sainte-Marie, Prayssas, Puymirol. — Arr. de Villeneuve : les cantons de Fumel, Penne, Sainte-Livrade, Tournon.

2e circonscr. élect. — Arr. de Nérac : tout l'arrondissement. — Arr. d'Agen : le canton de Laplume. — Arr. de Marmande : les cantons de Bouglon, Castelmoron, le Mas, Meilhan, Tonneins.

3e circonscr. élect. — Arr. de Villeneuve : les cantons de Cancon, Castillonnès, Monclar, Monflanquin, Villeneuve, Villeréal. — Arr. de Marmande : les cantons de Duras, Lauzun, Marmande, Seyches.

Lozère. — (Circonscription comprenant tout le département.)

Maine-et-Loire. — 1re circonscr. élect. — Arr. d'Angers : les cantons d'Angers (les trois cantons), Briolay, Chalonnes-sur-Loire, le Louroux-Béconnais, les Ponts-de-Cé, Saint-Georges-sur-Loire.

2e circonscr. élect. — Arr. de Segré : tout l'arrondissement. — Arr. de Beaugé : tout l'arrondissement.

3e circonscr. élect. — Arr. de Saumur : tout l'arrondissement. — Arr. d'Angers : le canton de Thouarcé.

4e circonscr. élec. — Arr. de Beaupréau : tout l'arrondissement.

Manche. — 1re circonscr. élect. — Arr. de Saint-Lô : tout l'arrondissement. — Arr. d'Avranches : le canton de Villedieu. — Arr. de Mortain : les cantons de Saint-Pois. — Arr. de Valognes : les cantons de Barneville, Sainte-Mère-Église, Saint-Sauveur-le-Vicomte.

2e circonscr. élect. — Arr. d'Avranches : les cantons d'Avranches, Brécey, Ducey, la Haye-Pesnel, Pontorson, Saint-James, Sartilly. — Arr. de Mortain : les cantons de Baranton, Isigny, Juvigny, le Telleul, Mortain, Saint-Hilaire-du-Harcouët, Sourdeval.

3ᵉ circonscr. élect. — Arr. de Coutances : tout l'arrondissement. — Arr. d'Avranches : le canton de Granville.

4ᵉ circonscr. élect. — Arr. de Cherbourg : tout l'arrondissement. — Arr. de Valogne : les cantons de Briquebec, Montebourg, Quettehou, Valognes.

Marne. — 1ʳᵉ circonscr. élect. — Arr. de Sainte-Menehould : tout l'arrondissement. — Arr. de Vitry-le-Français : tout l'arrondissement. — Arr. de Châlons-sur-Marne : les cantons de Châlons-sur-Marne, Marson, Suippes.

2ᵉ circonscr. élect. — Arr. d'Epernay : tout l'arrondissement. — Arr. de Châlons-sur-Marne : les cantons d'Ecury-sur-Coole, Vertus. — Arr. de Reims : le canton d'Ay.

3ᵉ circonscr. élect. — Arr. de Reims : les cantons de Beine, Bourgogne, Châtillon, Fismes, Reims (les trois cantons), Verzy, Ville-en-Tardenois.

Marne (Haute-). — 1ʳᵉ circonscr. élect. — Arr. de Vassy : tout l'arrondissement. — Arr. de Chaumont : les cantons d'Andelot, Bourmont, Châteauvillain, Chaumont, Juzennecourt, Saint-Blin, Vignory.

2ᵉ circonscr. élect. — Arr. de Langres : tout l'arrondissement. — Arr. de Chaumont : les cantons de Clefmont, Nogent-le-Roi.

Mayenne. — 1ʳᵉ circonscr. élect. — Arr. de Laval : les cantons d'Argentré, Chaillaud, Evron, Laval (les deux cantons), Meslay, Montsurs, Sainte-Suzanne. — Arr. de Mayenne : les cantons de Bais, Ernée.

2ᵉ circonscr. élect. — Arr. de Mayenne : les cantons d'Ambrières, Couptrain, Gorron, Landivy, Lassay, le Horps,

Mayenne (les deux cantons), Prez-en-Pail, Villaine-la-Juhel.

3ᵉ circonscr. élect. — Arr. de Château-Gontier : tout l'arrondissement. — Arr. de Laval : le canton de Loiron.

Meurthe. — 1ʳᵉ circonscr. élect. — Arr. de Toul : tout l'arrondissement. — Arr. de Nancy : les cantons d'Haroué, Nancy (nord), Nancy (ouest), Vezelise.

2ᵉ circonscr. élect. — Arr. de Nancy : les cantons de Nancy (est), Saint-Nicolas-du-Port. — Arr. de Lunéville : tout l'arrondissement. — Arr. de Sarrebourg : les cantons de Réchicourt, Lorquin.

3ᵉ circonscr. élect. — Arr. de Sarrebourg : les cantons de Fénétrange, Phalsbourg, Sarrebourg. — Arr. de Château-Salins : tout l'arrondissement. — Arr. de Nancy : les cantons de Nomeny, Pont-à-Mousson.

Meuse. — 1ʳᵉ circonscr. élect. — Arr. de Bar-le-Duc : tout l'arrondissement. — Arr. de Commercy : les cantons de Commercy, Gondrecourt, Pierrefitte, Saint-Mihiel, Vaucouleurs, Void.

2ᵉ circonscr. élect. — Arr. de Montmédy : tout l'arrondissement. — Arr. de Verdun : tout l'arrondissement. — Arr. de Commercy : le canton de Vigneulles.

Morbihan. — 1ʳᵉ circonscr. élect. — Arr. de Vannes : tout l'arrondissement. — Arr. de Lorient : le canton de Belle-Isle-en-Mer. — Arr. de Ploërmel : le canton de Malestroit.

2ᵉ circonscr. élect. — Arr. de Lorient : les cantons d'Auray, Betz, Hennebon, Lorient (les deux cantons), Plouay, Pluvigner, Pont-Scorff, Port-Louis, Quiberon. — Arr. de Pontivy : les cantons de Gourin, le Faouët.

3ᵉ circonscr. élect. — Arr. de Ploërmel : les cantons de Guer, Josselin, La Trinité, Mauron, Ploërmel, Rohan, Saint-Jean-Brevelay. — Arr. de Pontivy : les cantons de Baud, Cléguérec, Guéméné, Locminé, Pontivy,

Moselle. — 1re circonscr. élect. — Arr. de Metz : les cantons de Boulay, Gorze, Metz (les trois cantons), Pange, Verny, Vigy.

2e circonscr. élect. — Arr. de Briey : tout l'arrondissement. — Arr. de Thionville : tout l'arrondissement.

5e circonscr. élect. — Arr. de Sarreguemines : tout l'arrondissement. — Arr. de Metz : le canton de Faulquemont.

Nièvre. — 1re circonscr. élect. — Arr. de Nevers : les cantons de Decize, Dornes, Nevers, Pougues, Saint-Benin-d'Azy, Saint-Pierre, Saint-Saulge. — Arr. de Cosne : tout l'arrondissement.

2e circonscr. élect. — Arr. de Clamecy : tout l'arrondissement. — Arr. de Château-Chinon : tout l'arrondissement. — Arr. de Nevers : le canton de Fours.

Nord. — 1re circonscr. élect. — Arr. de Lille : les cantons de Lille (les 5 cantons), Armentières, Quesnoy-sur-Deûle, Haubourdin.

2e circonscr. élect. — Arr. de Lille : les cantons de Roubaix, Tourcoing (les 2 cantons), Lannoy, Cysoing, Seclin, Pont-à-Marcq, la Bassée.

5e circonscr. élect. — **Arr. de Valenciennes** : tout l'arrondissement.

4e circonscr. élect. — **Arr. de Hazebrouck** : tout l'arrondissement.

5e circonscr. élect. — **Arr. de Dunkerque** : tout l'arrondissement.

6e circonscr. élect. — **Arr. de Douai** : tout l'arrondissement.

7e circonscr. élect. — **Arr. de Cambrai** : tout l'arrondissement.

8e circonscr. élect. — **Arr. d'Avesnes** : tout l'arrondissement.

Oise. — 1re circonscr. élect. — Arr. de Beauvais : tout l'arrondissement.

2e circonscr. élect. — Arr. de Clermont : tout l'arrondissement. — Arr. de Senlis : les cantons de Creil, Neuilly-en-Thelle, Senlis.

3e circonscr. élect. — Arr. de Compiègne : tout l'arrondissement. — Arr. de Senlis : les cantons de Betz, Crépy, Nanteuil, Pont-Sainte-Maxence.

Orne. — 1re circonscr. élect. — Arr. d'Alençon : tout l'arrondissement. — Arr. de Mortagne : les cantons de Bellème, le Theil, Longny, Mortagne, Nocé, Pervenchères, Rémalard.

2e circonscr. élect. — Arr. d'Argentan : les cantons d'Argentan, Ecouché, Exmes, Gacé, la Ferté Frénel, Merlerault, Mortrée, Putanges, Trun, Vimoutiers. — Arr. de Mortagne : les cantons de Bazoches-sur-Hoène, Laigle, Moulins-la-Marche, Tourouvre.

3e circonscr. élect. — Arr. Domfront : tout l'arrondissement. — Arr. d'Argentan : le canton de Briouze.

Pas-de-Calais. — 1re circonscr. élect. — Arr. d'Arras : les cantons d'Arras (les 2 cantons), Bapaume, Beaumetz-les-Loges, Bertincourt, Croisilles, Marquion, Vimy, Vitry.

2e circonscr. élect. — Arr. de Béthune : les cantons de Béthune, Cambrin, Carvin, Houdain, Laventie, Lens, Lillers.

3e circonscr. élect. — Arr. de Boulogne : tout l'arrondissement. — Arr. de Montreuil : les cantons d'Etaples, Montreuil, Campagne.

4e circonscr. élect. — Arr. de Saint-Omer : tout l'arrondissement. — Arr. de Béthune : le canton de Norent-Fontes. — Arr. de Montreuil : le canton de Huqueliers.

5e circonscr. élect. — Arr. de Saint-Pol : tout l'arrondissement. — Arr. d'Arras : le canton de Pas. — Arr. de Montreuil : les cantons de Fruges, Hesdin.

Puy-de-Dôme. — 1re circonscr. élect.— Arr. de Clermont : les cantons de Bourg-Lastic, Clermont (nord), Clermont (sud-ouest), Herment, Rochefort, Saint-Amand-Tallende, Veyre-Monton. — Arr. d'Issoire : les cantons de Besse, Champex, Latour, Tauves.

2e circonscr. élect. — Arr. de Clermont : les cantons de Billom, Clermont (est), Clermont (sud), Pont-du-Château, Vertaison, Vic-le-Comte. — Arr. d'Issoire : les cantons d'Ardennes, Issoire, Saint-Germain-Lembron.

3e circonscr. élect. — Arr. de Clermont : le canton de Saint-Dier. — Arr. d'Issoire : les cantons de Jumeaux, Sauxillange. — Arr. d'Ambert : tout l'arrondissement.

4e circonscr. élect. — Arr. de Riom : les cantons d'Aigueperse, Combronde, Manzat, Menat, Montaigut, Pionsat, Pontaumur, Pontgibaut, Riom (les deux cantons), Saint-Gervais.

5e circonscr. élect. — Arr. de Thiers : tout l'arrondissement. — Arr. de Riom : les cantons d'Ennezat, Randan.

Pyrénées (Basses-). — 1re circonscr. élect. — Arr. de Pau : tout l'arrondissement.— Arr. d'Oloron : les cantons d'Arudy, Laruns.

2e circonscr. élect. — Arr. d'Orthez : tout l'arrondissement. — Arr. d'Oloron : les cantons d'Accous, Aramitz, Lasseube, Monein, Oloron, Sainte-Marie.

3e circonscr. élect. — Arr. de Bayonne : tout l'arrondissement. — Arr. de Mauléon : tout l'arrondissement.

Pyrénées (Hautes-). — 1re circonscr. élect.— Arr. de Tarbes : les cantons de Castelnau-Rivière-Basse, Maubourguet, Ossun, Pouyastruc, Rabenstens, Tarbes (les deux cantons), Vic. — Arr. d'Argelès : tout l'arrondissement.

2e circonscr. élect. — Arr. de Bagnères : tout l'arrondissement, — Arr. de Tarbes : les cantons de Galan, Tournay, Trie.

Pyrénées-Orientales. — (Circonscription comprenant tout le département.)

Rhin (Bas-). — 1re circonscr. élect. — Arr. de Strasbourg : les cantons de Geispolsheim, Haguenau, Molsheim, Schiltigheim, Strasbourg (les quatre cantons), Truchtersheim.

2e circonscr. élect. — Arr. de Saverne : tout l'arrondissement. — Arr. de Strasbourg : les cantons de Brumath, Wasselone.

3e circonscr. élect. — Arr. de Schélestadt : tout l'arrondissement.

4e circonscr. élect. — Arr. de Wissembourg : tout l'arrondissement. — Arr. de Strasbourg : le canton de Bischwiller.

Rhin (Haut-). — 1re circonscr. élect. — Arr. de Colmar : les cantons d'Andolsheim, Colmar, Guebwiller, Kayserberg, La Poutroye, Munster, Neufbrisach, Ribeauville, Rouffach, Sainte-Marie-aux-Mines, Soultz, Wintzenheim.

2e circonscr. élect. — Arr. d'Altkirch : les cantons d'Altkirch, Habsheim, Hirsengen, Huningue, Landser, Mulhouse. — Arr. de Colmar : Ensisheim.

3e circonscr. élect. — Arr. de Belfort : tout l'arrondissement. — Arr. d'Altkiren : le canton de Ferrette.

Rhône. — 1re circonscr. élect. — Arr. de Villefranche : les cantons d'Anse, Bois-d'Oingt. — Arr. de Lyon : la Croix-Rousse (toute la partie appartenant au 4e arrondissement de perception de la ville de Lyon), Lyon (4e arrondissement de perception), Lyon (toute la zone longeant la rive gauche de la Saône, et déterminée par une ligne qui, partant du côté ouest de la place des Terreaux, traverserait la ville par la rue Saint-Pierre, la rue Centrale, la rue de la Préfecture, la rue de Bourbon, etc., jusqu'au confluent du Rhône et de la Saône), Lyon (toute la partie ouest de la ville située sur la rive droite de la Saône), Vaise.

2ᵉ circonscr. élect. — Arr. de Lyon : les cantons de Neuville, la Croix-Rousse (la partie appartenant au 3ᵉ arrondissement de perception de la ville de Lyon), Lyon (3ᵉ canton), Lyon (partie de la ville formant la zone longeant le Rhône), la Guillotière.

3ᵉ circonscr. élect. — Arr. de Lyon : les cantons de l'Arbresle, Condrieux, Saint-Genis-Laval, Givors, Saint-Laurent-de-Chamousset, Limonest, Mornant, Saint-Symphorien-sur-Caise, Vogneray.

4ᵉ circonscr. élect. — Arr. de Villefranche : les cantons de Beaujeu, Belleville, Lamure, Monsols, Tarare, Thizy, Villefranche.

Saône (Haute-). — 1ʳᵉ circonscr. élect. — Arr. de Vesoul : tout l'arrondissement.

2ᵉ circonscr. élect. — Arr. de Lure : tout l'arrondissement.

3ᵉ circonscr. élect. — Arr. de Gray : tout l'arrondissement.

Saône-et-Loire. — 1ʳᵉ circonscr. élect. — Arr. de Mâcon : les cantons de Cluny, la Chapelle-de-Guinchay, Mâcon (les deux cantons), Matour, Tramayes. — Arr. de Charolles : les cantons de Chauffailles, la Clayette, la Guiche, Marcigny, Saint-Bonnet-de-Joux, Semur.

2ᵉ circonscr. élect. — Arr. d'Autun : les cantons d'Autun, Issy-l'Evêque, Lucenay-l'Evêque, Mesvres, Montcenis, Saint-Léger-sous-Beuvray. — Arr. de Châlon : le canton de Mont-Saint-Vincent. — Arr. de Charolles : les

8

cantons de Bourbon-Lancy, Charolles, Digoin, Gueugnon, Palinges, Paray, Toulon-sur-Arroux.

3e circonscr. élect. — Arr. de Châlon : les cantons de Buxy, Chagny, Châlon (les deux cantons), Givry, Sennecy-le-Grand, Verdun. — Arr. d'Autun : les cantons de Couches et Epinac.

4e circonscr. élect. — Arr. de Louhans : tout l'arrondissement. — Arr. de Châlon : les cantons de Saint-Germain-du-Plain, Saint-Martin-en-Bresse. — Arr. de Mâcon : les cantons de Lugny, Saint-Gengoux-le-Royal, Tournus.

Sarthe. — 1re circonscr. élect. — Arr. de Saint-Calais : les cantons de Bouloire, Saint-Calais, Vibraye. — Arr. de Mamers : les cantons de Mamers-les-Braults, Montmirail, Tuffé. — Arr. de le Mans : les cantons de Ballon, le Mans (1er canton), Montfort.

2e circonscr. élect. — Arr. de Mamers : les cantons de Beaumont-sur-Sarthe, Bonnétable, Fresnay, la Ferté-Bernard, la Fresnaye, Mamers, Saint-Pater. — Arr. de le Mans : les cantons de Conlie, Sillé-le-Guillaume.

3e circonscr. élect. — Arr. de la Flèche : les cantons de Brulon, La Flèche, le Lude, Malicorne, Sablé. — Arr. du Mans : les cantons du Mans (2e canton), la Suze, Loué.

4e circonscr. élect. — Arr. du Mans : les cantons du Mans (3e canton), Ecommoy. — Arr. de la Flèche : les cantons de Mayet, Pontvallain. — Arr. de Saint-Calais : les cantons de Château-du-Loir, la Chartre, Grand-Lucé.

Seine. — 1re circonscr. élect. — Quartiers des Champs-Elysées, du Roule, de la place Vendôme, des Tuileries, Palais-Royal ; communes d'Auteuil, Boulogne, Passy.

2e circonscr. élect. — Quartiers de la Chaussée-d'Antin, du faubourg Montmartre ; communes des Batignolles, de Montmartre, de la Chapelle.

3e circonscr. élect. — Quartiers du faubourg Poisson-

nière, de Bonne-Nouvelle, Montorgueil, des Marchés,
Montmartre, du Mail, Feydeau, Saint-Eustache, de la
Banque, Saint-Honoré, du Louvre.

4ᵉ circonscr. élect. — Quartiers du faubourg Saint-
Denis, de la Porte-Saint-Martin, de la Porte-Saint-Denis,
Saint-Martin-des-Champs, des Lombards, Sainte-Avoye,
du Mont-de-Piété.

5ᵉ circonscr. élect. — Quartiers du Temple, Popin-
court, du faubourg Saint-Antoine, des Quinze-Vingts, du
Marais, du Marché-Saint-Jean.

6ᵉ circonscr. élect. — Les quartiers : des Invalides,
Saint-Thomas-d'Aquin, du Faubourg-Saint-Germain, du
Luxembourg, de la Monnaie, de l'Ecole de-Médecine, du
Palais-de-Justice, de la Cité.

7ᵉ circonscr. élect. — Les quartiers : de l'Observatoire,
Saint-Marcel, de la Sorbonne, Saint-Jacques, du Jardin-
des-Plantes, de l'Ile-Saint-Louis, des Arcis, de l'Hôtel-de-
Ville et de l'Arsenal.

8ᵉ circonscr. élect. — Saint-Denis. — L'arrondissement
de Saint-Denis (moins les communes de Passy, Auteuil,
Boulogne, Batignolles, Montmartre et la Chapelle.)

9ᵉ circonscr. élect. — Sceaux. — Tout l'arrondissement.

Seine-Inférieure. — 1ʳᵉ circonscr. élect. — Arr. de
Rouen : les cantons de Rouen (les six cantons), Boos, Dar-
nétal.

2ᵉ circonscr. élect. — Arr. de Rouen : les cantons de
Duclair, Elbeuf, Grand-Couronne, Maromme, Pavilly. —
Arr. d'Yvetot : le canton de Caudebec.

3ᵉ circonscr. élect. — Arr. de Neufchâtel : tout l'arrondissement. — Arr. de Rouen : les cantons de Buchy, Clè-
res. — Arr. de Dieppe : le canton d'Eu.

4ᵉ circonscr. élect. — Arr. de Dieppe : les cantons de
Bacqueville, Bellencombre, Dieppe, Envermeu, Longue-

ville, Offranville, Tôtes. — Arr. d'Yvetot : les cantons Fontaine-le-Dun, Yerville.

5ᵉ circonscr. élect. — Arr. d'Yvetot : les cantons de Cany, Doudeville, Fauville, Ourville, Saint-Valery, Valmont, Yvetot. — Arr. de le Havre : les cantons de Bolbec, Lillebonne.

6ᵉ circonscr. élect. — Arr. de le Havre : les cantons de Criquetot, Fécamp, Goderville, Ingouville, le Havre, Montivilliers, Saint-Romain.

Seine-et-Marne. — 1ʳᵉ circonscr. élect. — Arr. de Fontainebleau : tout l'arrondissement. — Arr. de Melun : tout l'arrondissement.

2ᵉ circonscr. élect. — Arr. de Meaux : tout l'arrondissement.

5ᵉ circonscr. élect. — Arr. de Coulommiers : tout l'arrondissement. — Arr. de Provins : tout l'arrondissement.

Seine-et-Oise. — 1ʳᵉ circonscr. élect. — Arr. de Versailles : les cantons d'Argenteuil, Marly-le-Roi, Palaiseau, Saint-Germain-en-Laye, Sèvres, Versailles (les trois cantons). — Arr. de Rambouillet : le canton de Chevreuse.

2ᵉ circonscr. élect. — Arr. de Corbeil : tout l'arrondissement. — Arr. d'Etampes : tout l'arrondissement.—Arr. de Rambouillet : Dourdan (les deux cantons).

5ᵉ circonscr. élect. — Arr. de Pontoise : tout l'arrondissement. — Arr. de Versailles : les cantons de Meulan, Poissy.

4ᵉ circonscr. élect. — Arr. de Mantes : tout l'arrondissement. — Arr. de Rambouillet : les cantons de Limours, Montfort-l'Amaury, Rambouillet.

Sèvres (Deux-). — 1ʳᵉ circonscr. élect.—Arr. de Niort : tout l'arrondissement. — Arr. de Melle : tout l'arrondissement.

2ᵉ circonscr. élect. — Arr. de Bressuire : tout l'arrondissement. — Arr. de Parthenay : tout l'arrondissement.

Somme. — 1ʳᵉ circonscr. élect. — Arr. d'Amiens : les cantons d'Amiens (les quatre cantons), Hornoy, Molliens-Vidame, Oisemont, Poix.

2ᵉ circonscr. élect. — Arr. d'Abbeville : les cantons d'Abbeville (les deux cantons), Ault, Crécy, Gamaches, Hallencourt, Moyenneville, Nouvion, Rue, Saint-Valery.

3ᵉ circonscr. élect. — Arr. de Péronne : les cantons de Bray, Chaulnes, Combles, Ham, Nesles, Péronne, Roisel. — Arr. de Montdidier : le canton de Rosières.

4ᵉ circonscr. élect. — Arr. de Montdidier : les cantons d'Ailly-sur-Noye, Montdidier, Moreuil, Roye. — Arr. d'Amiens, les cantons de Corbie, Conty, Sains.

5ᵉ circonscr. élect. — Arr. de Doullens : tout l'arrondissement. — Arr. d'Amiens : les cantons de Picquigny, Villers-Bocage. — Arr. de Péronne : le canton d'Albert. — Arr. d'Abbeville : le canton d'Ailly-le-Haut-Clocher.

Tarn. — 1ʳᵉ circonscr. élect. — Arr. d'Albi : tout l'arrondissement. — Arr. de Castres : les cantons de Lautrec, Montredon. — Arr. de Goillac : le canton de Cordes.

2ᵉ circonscr. élect. — Arr. de Castres : les cantons d'Anglès, Brassac, Castres, Dourne, Labruguière, Lacaune, Mazamet, Murat, Roquecourbe, Saint-Amans-la-Bastide, Vabre, Vielmur.

3ᵉ circonscr. élect. — Arr. de Gaillac : les cantons de Cadalen, Castelnau-de-Montmiral, Gaillac, Lisle, Rabastens, Salvagnac, Vaour. — Arr. de Lavaur, tout l'arrondissement.

Tarn-et-Garonne. — 1ʳᵉ circonscr. élect. — Arr. de Montauban : tout l'arrondissement. — Arr. de Moissac : les cantons de Lauzerte, Montaigu.

2ᵉ circonscr. élect. — Arr. de Castel-Sarrazin : tout

l'arrondissement.— Arr. de Moissac : les cantons d'Auvillar, Bourg-de-Visa, Moissac, Valence.

Var. — 1re circonscr. élect. — Arr. de Draguignan : les cantons de Callas, Comps, Draguignan, Fayence, Fréjus. — Arr. de Grasse : tout l'arrondissement.

2e circonscr. élect. — Arr. de Brignolles : tout l'arrondissement. — Arr. de Draguignan : les cantons d'Aups, Grimaud, le Luc, Lorgues, Saint-Tropez, Salernes.

3e circonscr. élect.— Arr. de Toulon : tout l'arrondissement.

Vaucluse. — 1re circonscr. élect. — Arr. d'Avignon : tout l'arrondissement. — Arr. de Carpentras : tout l'arrondissement.

2e circonscr. élect. — Arr. d'Apt : tout l'arrondissement. — Arr. d'Orange : tout l'arrondissement.

Vendée. — 1re circonscr. élect. — Arr. de Napoléon : les cantons de Napoléon, Chantonnay, les Essarts, les Herbiers, Mareuil, Montaigu, Mortagne, Saint-Fulgent.— Arr. de Fontenay-le-Comte : le canton de Luçon.

2e circonscr. élect. — Arr. de Fontenay-le-Comte : les cantons de Chaillé-les-Marais, Fontenay-le-Comte, la Châtaigneraie, l'Hermenault, Maillezais, Pouzauges, Sainte-Hermine, Saint-Hilaire-des-Loges.

3e circonscr. élect. — Arr. des Sables-d'Olonne : tout l'arrondissement. — Arr. de Napoléon : les cantons de le Poiré, Rocheservière.

Vienne. — 1re circonscr. élect. — Arr. de Civray : tout l'arrondissement. — Arr. de Poitiers, tont l'arrondissement.

2e circonscr. élect. — Arr. de Châtellerault : tout l'arrondissement. — Arr. de Loudun : tout l'arrondissement. Arr. de Montmorillon : tout l'arrondissement.

Vienne (*Haute-*).— 1re circonscr. élect. — Arr. de Limoges : les cantons de Ambazac, Châteauneuf, Eymouthiers, Laurière, Limoges (les deux cantons), Pierre-Buffière, Saint-Léonard. — Arr. de Bellac : les cantons de Bessines, Châteauponsac, Saint-Sulpice-les-Feuilles. — Arr. de Saint-Yrieix : le canton de Saint-Germain.

2e circonscr. élect.— Arr. de Rochechouart : tout l'arrondissement. — Arr. de Saint-Yrieix : les cantons de Chalus, Nezon, Saint-Yrieix. — Arr. de Bellac : les cantons de Bellac, le Dorat, Magnac-Laval, Mézières, Nantiat. — Arr. de Limoges : les cantons de Aixe, Nieul.

Vosges. — 1re circonscr. élect. — Arr. d'Epinal : tout l'arrondissement. — Arr. de Remiremont : les cantons de Plombières, Ramonchamp, Remiremont.

2e circonscr. élect. — Arr. de Mirecour : tout l'arrondissement.—Arr. de Neuchâteau : tout l'arrondissement.

3e circonscr. élect. — Arr. de Saint-Dié : tout l'arrondissement.— Arr. de Remiremont : le canton de Saulxures.

Yonne. — 1re circonscr. élect. — Arr. d'Auxerre : les cantons d'Auxerre (les deux cantons), Coullange-la-Vineuse, Courson, Ligny, Saint-Florentin, Saint-Sauveur, Seignelay, Toucy. — Arr. de Joigny : les cantons d'Aillant, Bléneau, Charny, Saint-Fargeau.

2e circonscr. élect. — Arr. de Sens : tout l'arrondissement.— Arr. de Brienon : Cerisiers, Joigny, Saint-Julien-du-Sault, Villeneuve-le-Roi.

3e circonscr. élect. — Arr. d'Avallon : tout l'arrondissement. — Arr. de Tonnerre : tout l'arrondissement. — Arr. d'Auxerre : les cantons de Chablis, Coulange-sur-Yonne, Vermenton.

FIN.

TABLE

Pages.

FIN DE LA TABLE.

www.ingramcontent.com/pod-product-compliance
Lightning Source LLC
Chambersburg PA
CBHW062011200326
41519CB00017B/4761